Cumple tus sueños

Cumple tus sueños

Píldoras para endulzar tu vida

Segunda edición

ROCÍO LACAVE
@telodijecantando

Primera edición: junio de 2021
Segunda edición: septiembre de 2021

Versos Conversos • Editorial Arcopress
Editora: Ángeles López
Maquetación: Rosa García Perea

Imprime: Gráficas La Paz
ISBN: 978-84-18709-71-5
Depósito Legal: CO-337-2021
Hecho e impreso en España - *Made and printed in Spain*

A mis padres y a mi hermano,
que siempre han creído en mí y,
lo más importante,
me lo han hecho saber.

Índice

Prólogo

Te lo dije agradecida

Hay días que comienzan de un modo parecido al resto, pero terminan por hacerse un hueco privilegiado en nuestra memoria. Y eso me pasa a mí cada 8 de enero, fecha en la que tuve una idea, me puse a escribir y nació Te lo dije cantando —en forma de blog—.

Mi pequeña «criatura» ha ido creciendo hasta convertirse en este libro que tienes entre tus manos. Unos segundos son suficientes para cambiarle la vida a alguien; dedicándole apenas unos de ellos a estas páginas, entrarás a formar parte de la mía.

Merece la pena perseverar, si no alimentamos nuestros sueños estamos perdidos. Para hacerlos realidad solo hace falta algo que todos tenemos en cantidad, tiempo, y también —al menos— una persona que crea en nosotros, que nos haga sentirnos capaces de todo.

Me entusiasma escribir, transcribir la realidad y convertirla en líneas que quedan para siempre sobre el papel y, sobre todo, en la mente de quien las lee. Ese será mi gran regalo ahora que empiezas esta lectura: tú, que le darás sentido a cada párrafo, haciéndolo tuyo.

Los buenos sentimientos rara vez hacen el camino de ida sin hacer el de vuelta.

Te lo dije agradecida, de corazón.

PARA APRENDER A VIVIR MEJOR

«Bien por los que se miran al espejo y les gusta lo que ven, bien por los que entienden que siempre habrá alguien mejor y peor que uno, pero nunca igual... Eso sí que está bien»

Eres lo que ven

Eres la consecuencia de todas y cada una de las decisiones que has tomado hasta el momento, eres aciertos y errores a partes iguales.

Eres lo que ven, eres una combinación de virtudes y defectos que te convierten en alguien único. Eres tu familia y tus amigos, porque llevas algo de cada uno de ellos en ti y lo haces tuyo.

Eres aquello en lo que transformas tu tiempo, lo que haces con él te define y con quien lo pasas te puede llegar a transformar.

Eres lo que te has propuesto ser, porque desde el mismo momento en el que fijaste tu objetivo, diste el primer paso para conseguirlo.

Eres dudas y respuestas, te preguntas constantemente cuándo y dónde y tú mismo te contestas que todo llega en el momento en el que debe hacerlo. Ni antes, ni después.

Eres problema y solución. Si te hacen la pregunta de si el vaso está medio lleno o medio vacío, tú optas por volcarlo y volver a llenarlo hasta arriba, que ya habrá tiempo de que vaya perdiendo contenido.

Eres cada uno de los sueños que te rondan, aquello que te motiva a poner un pie fuera de la cama y te permite afrontar el futuro con esperanza, con muchas ganas.

Eres puro nervio cuando la impaciencia te recuerda lo que esperas y serenidad en el momento en el que las piezas encajan. Eres cansancio cuando no todo sale como te gustaría, eres frustración de la que aprendes y también ganas de hacer las cosas bien y de seguir intentándolo.

Eres de los que no escatiman en muestras de cariño porque sabes que lo que no expresas pasa desapercibido y se acaba perdiendo.

Eres un cúmulo de circunstancias, un conjunto de vivencias que te han hecho ser quien eres.

Eres cada palabra que diriges a alguien, porque con ellas puedes convertir la lágrima en sonrisa; eres cada línea que escribes, porque con ellas puedes transformar el día de quien te lee; eres cada abrazo que das, de esos que recomponen, que unen trocitos que se habían desperdigado por dentro.

Y eres, sobre todo, la capacidad que tienes de hacer feliz a quien tienes al lado. Céntrate en ello, que la vida siempre nos devuelve lo que damos, recogiendo al final exactamente aquello que hemos sembrado.

Quien es agradecido siempre gana

Quien no sabe mentir es mucho más feliz.

Quien da los buenos días a los que le rodean —por cualquier vía— se asegura un buen comienzo.

Quien no pierde su capacidad de asombro sabe disfrutar con las pequeñas cosas y, cómo no, con las grandes personas.

Quien cree en sí mismo lo va a conseguir —lo que sea, cuando quiera—. Quien sueña sin necesidad de estar dormido sabe que la combinación de esfuerzo y ganas es infalible para llegar y, sobre todo, para quedarse.

Quien escribe cartas tiene la capacidad de emocionar al destinatario, de hacer sentir especial con su puño y letra, de transmitir a base de tinta y papel lo que no cabe en un correo electrónico.

Quien tiene fe nunca es defraudado, nunca.

Quien mira el lado bueno de las cosas y lo comparte enseña a quien tiene cerca mucho más que cualquier libro.

Quien es realista tiene recursos para enfrentarse a lo que está por venir, a lo que está por reír y llorar. Quien da un paso al frente es un valiente y merece encontrar a más como él por el camino; no habrá mayor recompensa.

Quien abandona lo cierto por lo incierto da ejemplo sin pretenderlo. Quien comparte sus miserias con sus amigos da una lección de humildad.

Quien respeta a cada persona como lo que es, un igual a él, lo habrá entendido absolutamente todo. Quien siembra calma recoge miradas que reconfortan.

Quien abraza fuerte tiene la capacidad de encajar de nuevo las piezas que otros rompieron por el camino.

Quien siempre está para —al menos— una persona comprende el significado de la palabra lealtad de forma plena. Quien procura estar al día de lo que le preocupa a sus amigos sabe relativizar sus problemas.

Quien comparte sus ilusiones y asume las de los demás como las suyas propias tiene muchas más posibilidades de alcanzar la felicidad.

Quien olvida lo malo y procura quedarse con lo bueno es consciente de que la vida le da mucho más de lo que le quita y, a veces, se empeña en devolverlo, mejorando lo que toca.

Quien es agradecido siempre gana —incluso cuando pierde—.

Paso a paso

Paso a paso, así es como se recorre el camino.

Olvida las prisas, no te servirán de nada... Por el contrario, habrás de entender que cada etapa tiene su importancia, porque requerirá de ti algo con lo que cuentas y que ni tú mismo sabías que andaba por ahí. Qué bonito es conocerse a fuerza de vivir.

A golpe de sentimiento no te equivocarás nunca. No cojas atajos, que siempre encierran alguna trampa que no nos lleva a buen destino. Ten presente que lo fácil atrae, pero que es aquello que requiere un gran esfuerzo por nuestra parte lo que acaba sacando lo mejor de nosotros mismos.

Con el tiempo, comprenderás que cada piedra del camino estaba en ese punto por alguna razón. Es posible que tropezaras y, de esta forma, aprendieras una lección de las que no se olvidan, de las que curten y te sitúan en un nuevo punto de partida. Llegará un día en el que podrás mirar hacia atrás sin dolor —aunque te parezca mentira— y crecer. Si, por el contrario, la esquivaste, aumentó tu confianza en ti mismo, en tus decisiones y en tus intuiciones.

Si caíste o continuaste el camino sin un rasguño ya no importa, lo que recuerdas fue lo que sentiste entonces y es dando lo mejor de ti cuando, sea cual sea el resultado, no te equivocas.

Peldaño a peldaño, ve subiendo la escalera con la confianza de quien sabe que arriba le espera algo grande. No titubees, yo te pido determinación, porque pisando fuerte dejarás huellas profundas.

Subir siempre cuesta, pero arriba las vistas son mejores y te alegrarás de haber superado tus miedos, tus indecisiones y todo lo que hasta ahora había supuesto un peso para ti, te sentirás más ligero para continuar avanzando.

Ten una conversación contigo mismo de vez en cuando, aprende a escucharte y también a corregirte en aquello en lo que te estás equivocando, a tratarte con el mismo respeto y cariño con el que te gustaría que te trataran desde fuera.

A veces eres demasiado benevolente, otras muy severo... Practica eso de alcanzar el término medio con quien va a disfrutar o sufrir cada una de tus decisiones, contigo mismo.

Sueña todo lo que estés dispuesto a vivir, porque será el primer paso para hacerlo realidad.

¡Que vivas y sientas!

Que arriesgues sin perder, que ganes sin ser engreído, que sueñes despierto y duermas tranquilo.

Que la vida te ponga en tu sitio, ni allí, ni aquí, solo donde te corresponda. Que salgas y entres, que viajes, que conozcas nuevas ciudades y, sobre todo, a las personas que en ellas habitan. Pero siempre vuelve —al menos con el pensamiento— al lugar del que un día te fuiste. Que nunca olvides de dónde vienes y a dónde vas.

Que te sacudas la pereza que cada mañana te acecha, que la soberbia no te impida corregir tus fallos y que sepas esperar sin desesperar.

Que saltes de alegría sin despegar los pies del suelo, que sepas recordar aquellos días en los que nada salía, porque hicieron posible que hoy sigas intentándolo.

Que sobrelleves los contratiempos con el ánimo del que sabe que, antes o después, serán resueltos, que te grabes a fuego aquello de «mientras hay vida, hay esperanza».

Que el frío te haga extrañar el calor y viceversa, de manera que siempre tengas en mente que vendrán tiempos mejores, pero sin menospreciar el presente.

Que nunca estés solo de forma continuada e irremediable, que puedas sentir que tienes la mejor de las compañías, al menos una vez en la vida.

Que tengas siempre a mano un diccionario para que comprendas el significado de cada palabra que te digan. Pero no la despojes de los gestos de quien la pronunció, pues solo así adquirirá su verdadero sentido.

Que recuerdes con cariño los buenos momentos y que tengas la plena certeza de que volverás a vivirlos, quizá con otras personas. Pero tú estarás ahí, con la sonrisa de entonces y la ilusión intacta.

Que pienses antes de hablar, que respires hondo antes de tomar una decisión y que sea para bien.

Que al final del día te hayas sentido querido, que puedas mantener una conversación a un mismo tono —sin elevarlo— y que te despidas con los mejores deseos, de verdad.

Que termines lo que empezaste en otra posición, que algo cambie en ti.

Que no pases desapercibido, pero no destaques a cualquier precio. Cuando eso suceda, que sea porque te lo has ganado a golpe de tenacidad y talento.

Que los años no te arrebaten ni un ápice de emoción, que aprendas de todo y de todos, que abraces cada vez con más fuerza.

Que vivas sin ganas de huir... Que seas consciente de que, como tú, no hay dos, que tiembles de emoción por lo menos una vez al año y, sobre todo, ¡que seas capaz de sentir!

Pensar y sentir

Hay que pensar en su justa medida y sentir sin cortapisas.

Hay que procurar la felicidad de los que tienes cerca y la tuya misma, porque lo primero sin lo segundo es prácticamente imposible.

Hay que intentarlo hasta que no queden fuerzas y tener la sensación de haber puesto todo de tu parte para que saliera bien porque así, sea cual sea el resultado, podrás estar satisfecho contigo mismo. Créeme que no hay sensación mejor.

Hay que pensar de vez en cuando en eso de que «si quieres, puedes» porque estarás dando un paso más para conseguirlo. Hay que equilibrar la balanza a base de realismo e ilusiones, porque de ambas cosas se vive. Hay que saber hasta dónde, hasta cuándo estamos dispuestos.

Hay que darle a cada cosa su tiempo y a cada persona su espacio y, si en algún momento cometes un error respecto a alguno de estos aspectos, tener la suficiente humildad como para reconocerlo y pedir disculpas. Hay que saber estar a la distancia a la que nos quieren tener y a la que nosotros deseamos situarnos, hay que hablar mucho hasta que ese punto sea el mismo.

Hay que soñar en voz alta para hacer partícipes a los demás de lo que te gustaría alcanzar, para que haya más gente implicada en tu felicidad que —si te quieren— será la suya de alguna forma.

Hay que pensar en los demás, impedir que tus problemas te hagan olvidar los suyos. Porque —además— si te propones ayudarles con tus cinco sentidos, aquello que te preocupaba irá desapareciendo poco a poco.

Hay que relativizar y pensar dónde te gustaría estar dentro de unos años, para poder actuar en el presente de forma que el futuro te reciba así, justo como tú proyectabas.

Hay que tener las cosas tan claras como para entender que una mirada puede cambiar tus planes, mejorarlos y hacerte feliz.

Hay que tener presente que somos nosotros, con nuestras decisiones, nuestras renuncias y nuestras elecciones, los que vamos dando forma a nuestra vida.

Bendita responsabilidad.

La vida es un regalo

La vida es un regalo, cada día estoy más convencida de que merece la pena estar aquí, justo en este momento.

Es complicado llegar a tiempo, cumplir las expectativas puestas en ti, permanecer firme en tus valores, sonreír a deshora, no defraudar a los que más quieres en algún momento, mantener la fe, ser consciente de lo bueno y no llevar cuenta de lo malo, pedir perdón unas veces y saber olvidar otras...

Sí, es difícil acostarte cada noche sin arrepentirte de alguna palabra o algún gesto, pero es un riesgo que asumimos desde el mismo momento en que nacemos. De acuerdo que no nos preguntaron si queríamos, pero ya que estamos aquí, vamos a intentarlo.

Porque todos los grandes proyectos empiezan con un intento. Nadie nos asegura el éxito ni el fracaso absoluto está escrito en ninguna parte; hasta que no nos pongamos manos a la obra no sabremos si se puede o no. Por eso, en los inicios hay que creer y querer, porque esto te hará poder.

Esas tres palabras marcarán cualquier paso que demos. Por eso pronúncialas y, sobre todo, siéntelas. ¿Qué recursos tienes? Toma conciencia de cuáles son tus puntos fuertes, haz que los débiles pasen desapercibidos, no te compares con los mejores ni con los peores, perderás un tiempo precioso... Tu única referencia eres tú, ¿te sientes capaz de superarte a ti mismo?

Plantéate pequeños retos que hagan tu vida más interesante aún, recuerda que no estamos aquí de paso... Pero, cuando hablo de retos, no me refiero a desafíos —que también son interesantes—, sino más bien a esos lances del día a día que asumimos como rutina y echaríamos de menos si nos faltaran.

Tenemos que querer y sentirnos queridos, porque ese es el motor de todo esto; si nos falta, no habrá forma de seguir adelante.

Tenemos que caernos y levantarnos a partes iguales, porque el suelo está frío y créeme que no te gustará quedarte ahí tirado.

Tenemos que correr riesgos, ganar y perder, porque eso hará que todo sea mucho más interesante, te mantendrá atento y con las suficientes expectativas para que no te rindas fácilmente.

La vida es un don, un milagro que se repite día tras día, porque lo cierto es que no dejan de venir niños al mundo... Si eso sigue sucediendo será que no está tan mal, será que vivir es bonito, será que un buen momento nos hace olvidar todos los malos, será que das ciento por uno y es cuando todo cobra sentido.

Será lo que tú quieras que sea...

Sueña

Sueña con todo lo que está por venir o lo que, quizás, ha llegado ya y no has sido capaz de ver hasta este preciso instante.

Sueña con lo que de verdad mereces porque, si no es ahora, acabará llegando y demostrándote que no eres tú quien marca los tiempos.

Sueña que todos los caminos conducen a ese lugar en el que poder realizarte, pero recuerda que ese no es tu destino, sino más bien un nuevo punto de partida desde el que volver a empezar.

Sueña con respirar hondo y enfrentarte a todo lo que está por venir.

Sueña con que el tiempo se para y, por un instante, puedes repasar mentalmente todo lo que has vivido hasta ahora, sueña con todas las metas alcanzadas y también con las que aguardan tu llegada.

Sueña con recobrar fuerzas, con olvidar preocupaciones y afrontar nuevos retos, sueña que la ilusión te hace capaz.

Sueña con estar a la altura no de las expectativas, sino de tu mejor versión.

Sueña con hacer maletas y viajar, sueña con acortar distancias y ampliar miras, con recorrer mundo y poder volver al lugar en el que te sientes seguro, entre cuatro paredes y, sobre todo, entre dos brazos.

Sueña con que hay al menos una persona que estaría dispuesta a comprar un billete para acompañarte en la aventura que emprendieras... Sueña con que hay quien confía en ti ciegamente.

Sueña con que tu ausencia se nota, con que los que te echan de menos te lo hacen saber, sueña que siempre hay quien aguarda tu vuelta.

Sueña que tu alegría no es solo tuya, sino de todos los que creen en ti, en tu forma de ser y en tu forma de estar.

Sueña con resolver problemas, sueña con tener la solución para algo que le quita el sueño a una persona que quieres. No habrá mejor recompensa que su alivio y su sincero agradecimiento.

Sueña con reírte de todo esto dentro de un tiempo, sueña con esa memoria selectiva capaz de hacernos recordar solo y exclusivamente de lo bueno, lo mejor.

Sueña con que despiertas y, poco a poco, todo se va haciendo realidad.

Hasta perder la noción del tiempo

Mira dentro de ti, apenas un minuto será suficiente.

Te sorprendería, descubrirías sentimientos que ni remotamente pensabas que estaban ahí. Podrías tomar conciencia de cuáles son tus miedos y, a lo mejor, reunirías fuerzas para luchar contra ellos; llegarías a conocerte mejor y poco a poco aprenderías a elegir.

Parece un proceso sencillo, ¿verdad?

Es necesario reservar algo de tiempo al día para hablar con nosotros mismos, para saber qué esperamos de esa etapa de nuestra vida, de esa persona, de ese trabajo, de nuestro día a día...

De esta forma, conseguiríamos ajustar nuestras aspiraciones a la realidad, teniendo esperanza sin caer en la utopía, sin dejar lugar al arrepentimiento, porque estaríamos seguros de las decisiones que tomamos, del rumbo que queremos darle a nuestras vidas.

Incluso llegaríamos a estar seguros de nosotros mismos, casi nada.

No podemos estar esperando el momento continuamente, dejar para más adelante la toma de decisiones que suponen oportunidades aquí y ahora.

Con esto solo conseguimos retrasar lo bueno o lo malo que vamos a propiciar con nuestro paso al frente. Ten en cuenta que si no lo damos, estaríamos haciendo algo así como restarle minutos a nuestra vida.

Y, al final, es cuestión de atreverse, de cambiar o continuar en la misma senda, pero siempre con determinación; de hacer una lista y empeñarte en ir tachando cada cosa que te has propuesto hacer; de ser consecuente, honesto y tenaz; de sentirte orgulloso por tus logros y lamentarte lo justo por tus equivocaciones.

Pero lo anterior no lo es todo, de hecho hay algo mucho más importante...

También debes saber a qué mano poder aferrarte y a qué sombra seguir hasta perder la noción del tiempo; qué voz quieres escuchar a diario, teniendo la certeza de que nunca te cansarás de ella porque siempre te sonará bien, en todos los sentidos. Y qué brazos quieres que te rodeen, confiando en que nunca apretarán demasiado.

Toma conciencia, en fin, de qué mirada quieres encontrar cuando levantes la tuya del suelo, porque te transmita serenidad, confianza y alegría, mucha alegría.

La distancia es algo más que kilómetros

Que la distancia se compone de kilómetros es algo obvio, una verdad indiscutible, un hecho objetivo e irrefutable. Pero a mí me gusta pensar que está conformada por infinitas cosas más, tantas como las que comparten las personas que separa.

La distancia es a veces circunstancial y otras, permanente; es nostalgia, pero también alegría pensando en el reencuentro; es no acomodarse, demostrar a los que nos importan que, aunque estén lejos, siguen presentes en nuestro día a día.

Es una forma diferente de conocerse, porque a veces las distancias cortas están sobrevaloradas, porque poner tierra de por medio nos demuestra hasta qué, hasta cuándo, estamos dispuestos.

La distancia es sentirse afortunado por vivir en la era de la comunicación, siendo consciente de lo sencillo que lo tenemos ahora y lo complicado que lo tuvieron en otra época, pero dando a cada palabra y a cada gesto su verdadero valor.

La distancia es mandar y recibir postales, reconocer estados de ánimo según el trazo de las letras.

La distancia es compartir lo que nos preocupa con quien siempre lo hemos hecho. No importa si hay centímetros de por medio o un teléfono, lo que realmente necesitamos es que nos llegue su voz, contar con sus palabras, con sus consejos.

La distancia es escuchar un canción y pensar en esa persona, es leer un texto y enviárselo a alguien, es recordar y, sobre todo, hacerlo saber.

La distancia es ser valiente, soltar amarras y atreverse, abandonar una parte de nuestra vida y salir a por la siguiente etapa.

Es aumentar la seguridad en ti mismo y también en los que dejaste atrás, teniendo la certeza de que siempre estarán. Y, si no es así, es que realmente entraron en tu vida para salir tiempo después.

La distancia es una despedida que se acaba transformando en abrazos de bienvenida con el paso de los días, semanas, meses o incluso años; es pensárselo dos veces y, aun sin tenerlo claro, tirar hacia adelante.

La distancia es soñar exactamente lo mismo que otra persona que se encuentra en la otra parte del mundo. Es alegrarte por los logros de quien quieres, esté donde esté, es tener la capacidad —a veces— para estar con la cabeza en un sitio y con el corazón en otro.

La distancia es, en definitiva, sumar esfuerzos para no dejar que lo que os unió se esfume.

El papel de tu vida

¿Por qué pedimos siempre un «final de película»?

Muchas veces estos decepcionan, incluso nos dejan con mal sabor de boca y alguna lagrimilla contenida. Por eso, yo prefiero los finales reales, porque por muy mal que acaben siempre tenemos el resto de nuestra vida para enmendarlos.

No habrá un guionista que escriba el papel que debemos interpretar, ni nos impondrá el actor con el que compartiremos cartel, ni siquiera habrá un director que pronuncie un inoportuno «¡corten!» cuando la cosa se esté poniendo interesante... Porque hay escenas que, sencillamente, a pesar de quedar impecables en la primera toma, deberían poder repetirse una y otra vez.

Párate a pensar, tú eres el guionista, el que propone y dispone, quien decide a dónde vas y con quién; quien sabe cuánto deben durar las pausas entre frase y frase, los besos y los abrazos, el que pone punto y seguido o punto final a según qué párrafo.

Tú eliges a tu partenaire, a esa persona que debe sacar lo mejor de ti ante la cámara y detrás de ella, es decir, siempre; esa con la que compartes plano y sabe cuál es su sitio —al igual que tú eres consciente de cuál es el tuyo—, compartiendo protagonismo sea cual sea el escenario en el que rodéis.

No te olvides de los personajes que, a priori, parecen secundarios, esos que entran a escena y terminan cambiándolo todo. Son imprescindibles, y recuerda que muchas películas deben a ellos su éxito. Conocen su papel a la perfección, el momento exacto en el que tienen que salir a escena y el tiempo que deben quedarse. Algunos tienen frases más largas, otros más cortas, pero el resultado final no sería el mismo si ellos no hubieran pisado el plató.

Elige una bonita banda sonora, ¿qué sería del séptimo arte sin melodías que nos llegan al alma? No hay mejor forma de expresar un estado de ánimo que con la música adecuada.

Que suenen los primeros acordes, que te sepas tu papel, que seas natural, que te emocione cada día la interpretación de quien tienes enfrente, que te sorprenda el decorado, que no te acomodes con un solo personaje, que tengas varios registros...

Que cuando suene «¡acción!» te recorran los nervios de la primera vez y seas capaz de bordar el papel de tu vida.

¡¡Que viva tu sonrisa!!

Que vivan los valientes, los que frente a cualquier adversidad se crecen, los que siguen adelante pese a todo.

Que vivan los que son leales no solo a las personas, sino también a sus propios principios, los que entienden que no tienen la última palabra y saben confiar.

Que vivan los que dan lecciones sin pretenderlo, los que no tienen la certeza de qué pasará, pero ponen todo de su parte.

Que vivan los que te miran y te convencen, los que te hablan y te hacen pensar, los que te abrazan y te hacen temblar.

Que vivan los que responden rápido, los que no necesitan pensar mucho para decir lo que les pasa por la cabeza, porque lo tienen claro.

Que vivan las personas sencillas, las que llevan la naturalidad por bandera, las que conquistan con sus buenos modales, las que siempre tienen un «gracias» en la boca, listo para decirle a quien tienen enfrente.

Que vivan los que aprenden a compartir lo que llevan dentro, los que tienen la suficiente humildad como para reconocer que se han equivocado y se proponen no volver a tropezar con la misma piedra.

Que vivan los que saben disfrutar de lo pequeño, porque con lo grande alcanzan la felicidad plena, los que atesoran momentos y olvidan rencores.

Que vivan los que tienen una meta y no pararán hasta llegar a ella, aunque de vez en cuando frenen el ritmo para tomar aire.

Que vivan los que saben motivar a quien tienen cerca, los que son especiales sin proponérselo.

Que vivan las conversaciones que inspiran, los buenos sentimientos que mueven el mundo y las razones de unos y de otros.

Que vivan los viajes a la otra punta del mundo y a cincuenta kilómetros, pero que ponen distancia igualmente.

Que vivan las buenas reuniones, en las que las copas están vacías y las sillas ocupadas, que vivan los años en los que fraguamos amistades que sobreviven al tiempo.

Que vivan las cosas, los sitios y, sobre todo, las personas que nos sacan una sonrisa.

Bonitas contradicciones...

Hay locuras que son propias de los más cuerdos porque el mayor deseo de cualquiera que esté en su sano juicio es ser feliz y, a veces, alcanzamos ese sentimiento dando pasos en el aire y olvidando el suelo firme, ese en el que nos sentíamos seguros.

Y es posible que por ese camino perdamos algo, pero mientras que no sea la ilusión, todo estará bien.

En ocasiones creemos «sufrir» pérdidas, cuando lo cierto es que debemos celebrarlas, porque nos convierten en auténticos afortunados.

Otras veces tenemos sueños de los que queremos despertar lo antes posible, porque un día se convirtieron en pesadillas. Y, desde entonces, nos quedamos petrificados, sin avanzar, esperando a que suene el despertador, cuando en realidad podemos abrir los ojos cuando queramos.

Hacemos promesas que se rompen, a pesar de que provienen de las mejores intenciones y se hicieron realidad con las palabras más bonitas.

Y es que hay veces que necesitamos que nos duela algo para recordar lo bien que se está cuando, efectivamente, se está bien... Tenemos heridas en la piel que cicatrizan en horas, pero son las que no se ven las que necesitarán algo más que tiempo para sanar.

A lo largo del día pronunciamos y llegan a nuestros oídos palabras que no dicen nada, pero si nos lo proponemos seremos capaces de escuchar silencios. Solo dependerá de quién tenemos enfrente y de las ganas que tenemos de atenderle y entenderle.

Nos dicen mentiras que son verdades a medias —las más peligrosas— y afirmaciones que llevan implícito un «no». Es complicado discernir en esos momentos.

Sin embargo, merecerá la pena aprender, porque hay puertas que se cierran abriendo ventanas más grandes y más bonitas de las que podíamos imaginar.

Y de todas las contradicciones que existen, mi favorita es —sin lugar a dudas— llorar de risa.

Te lo digo yo

¿Te han dicho que vale la pena? Te lo digo yo, porque a veces viene bien escucharlo o leerlo, porque es bueno que nos recuerden que no debemos tirar la toalla si algo no sale como esperábamos, o en el momento en el que queríamos.

¿Te han dicho que la realidad, muchas veces, supera nuestras expectativas? Te lo digo yo, que podemos caer en el error de vivir de ilusiones que no se cumplen, ignorando una realidad que es más bonita de lo que creemos... Solo hay que prestar atención, aprovechar las oportunidades que se nos presentan y no dejar pasar ni un solo segundo sin sentirnos afortunados por todo lo que tenemos.

¿Te han dicho que aciertas más de lo que te equivocas? Te lo digo yo, que es muy humano eso de lamentarnos por nuestros errores constantemente, sin dejarnos disfrutar de esos aciertos cotidianos que nos hacen más felices de lo que creemos. Tenlos presentes.

¿Te han dicho que tus decisiones cambian vidas? Te lo digo yo. Tus «sí» o tus «no» han transformado el ánimo de quienes te rodean en más ocasiones de las que crees y, sobre todo, te han traído hasta el lugar en el que estás... Si te gusta, siéntete satisfecho y disfruta del momento en el que te encuentras ahora; si no te gusta, ten la certeza de que puedes seguir tomando decisiones que le den la vuelta a todo. ¿No es un privilegio?

¿Te han dicho que merece la pena ser valiente? Te lo digo yo, a ti que dudas y no acabas de ver la necesidad de arriesgar... Dar un paso adelante te convierte en responsable de tu vida. Es cierto que las circunstancias condicionan, pero tú eres quien tiene la última palabra si te atreves.

¿Te han dicho que tener un objetivo es necesario? Te lo digo yo, que a corto, medio o largo plazo siempre es bueno tenerlo en mente. Primero, porque te hace ser consciente de que no lo tienes todo, lo que te convierte automáticamente en alguien humilde. Segundo, porque pensar en ello hará que te levantes cada día con una misión, que será pura motivación.

¿Te han dicho que hay muchas manos dispuestas a ayudarte? Te lo digo yo, que hay más de las que crees. Muchos harán de tus sueños los suyos, te ayudarán a conseguirlos y se alegrarán tanto como tú cuando los cumplas. Y, además, esos mismos estarán ahí, a tu lado, si los planes se tuercen y no salen como habías imaginado. No te alejes nunca de ellos, porque son necesarios, porque en tu vida son imprescindibles.

¿Te han dicho que los sentimientos mueven el mundo? Te lo digo yo, lo hacen. Prueba a querer a alguien como no lo has hecho antes, a estar dispuesto a todo para hacerle feliz y, en consecuencia, a ser feliz; a formar parte de un proyecto común, de una historia tan bonita como puedas imaginarla, tan real como seas capaz de arriesgar.

Puro equilibrio

Nos pasamos la vida buscando el equilibrio en todos los ámbitos. Procuramos que sea la base de las decisiones que tomamos, nos empeñamos en que haga desaparecer cualquier rastro de improvisación que deje patente algo que intentamos disimular a menudo: que llegamos a este mundo sin que se nos haga entrega de un manual de instrucciones.

Anhelamos constantemente ese equilibrio que nos reconcilie con nosotros mismos sin darnos cuenta de que somos pura contradicción y que, a veces, lo único que necesitamos es dejarnos llevar, ni más, ni menos.

Queremos ese equilibrio que insiste en darle la misma importancia a lo que dice la cabeza y a lo que dicta el corazón, sin comprender que, en ocasiones, deberíamos prestar más atención al primero y otras, al segundo... No es que se contradigan, es que eres tú el que tiene que elegir quién manda en cada ocasión.

Nos hemos hecho a la idea de que alcanzar el equilibrio supondría la solución a todos nuestros problemas, sin reparar en que perdemos demasiadas fuerzas en esa búsqueda constante de lo que no tenemos. Sentirnos frágiles es parte del camino, aceptar que no tenemos valor para afrontar determinadas etapas nos ayudará a reconocer nuestras limitaciones y a cerrar ese ciclo de la mejor forma, pidiendo ayuda y recibiéndola de los que más nos quieren.

El equilibrio es, para mí, equivocarse en la misma medida en la que se acierta; es levantarse al menos una vez más de todas las ocasiones en las que nos hemos caído, para asegurarnos de que, al final, nos mantendremos en pie. Es querer por encima de nuestras posibilidades, sin pretender recibir exactamente lo mismo que damos, sin llevar las cuentas, porque entonces estaríamos buscando una ganancia que anula lo que significa realmente el amor.

El equilibrio es, para mí, que una sonrisa pueda enderezar todo un día de malas noticias; es dar el ciento por uno con una persona que te ha demostrado que vale la pena; es apostar lo que no tienes por lo que está por venir, sin más seguridad que la que te inspira tu intuición; es poner sobre la mesa lo que tienes y lo que te gustaría alcanzar, confiando en que la esperanza sea la que haga inclinar una balanza que huye de la equidad.

El equilibrio es, para mí, sentirte en paz contigo mismo... Con tus virtudes, con tus defectos, con tus luces y tus sombras, sintiéndote querido con, y a pesar de todo, ello.

Lo que llevas dentro

Es un proceso largo, podríamos decir que nunca acaba. Nos pasamos la vida aprendiendo. Empezamos con palabras sencillas, después se trata de juntar una tras otra y decir cosas coherentes, más tarde vamos canalizando emociones y así, poco a poco, terminamos por saber expresarnos.

Nos empeñamos en transmitir a los que nos rodean lo que sentimos, sin entender que para conseguirlo somos nosotros los que debemos tener claro qué pasa por ahí dentro... ¿Lo intentamos?

Pon en orden tus prioridades, recoloca lo que se ha salido de su sitio y no intentes arreglar lo que no se ha estropeado, simplemente dale tiempo.

Echa de menos, que es muy sano extrañar a quienes quieres. Además, de esa forma, sabrás quién se sitúa a la cabeza de la lista de tus «personas favoritas» y quién ha ido perdiendo posiciones hasta desaparecer.

Recuerda los buenos y los malos momentos, aquellos que te han traído hasta el lugar en el que te sitúas ahora. Comprenderás entonces que nada fue en balde, que todo tuvo y —sobre todo— tiene su sentido. Todo ello nos acerca a nuestros compañeros de vida y nos aleja de quien solo vino a enseñarnos algo, pero prosiguió su camino por una senda que le alejaba del nuestro.

Haz sitio por ahí dentro, que tienes mucho por vivir, por conocer, por ver, por querer, por sentir... No hace falta que te diga que el mundo, ni se para, ni mucho menos se acaba por esos contratiempos que nos devuelven a la realidad. Toma aire, date tiempo. Verás que todo se soluciona o, simplemente, acaba doliendo la mitad de la mitad, hasta que termina por desaparecer. No tengas miedo a los nuevos tiempos, que si han llegado es porque tú has dado la espalda a los viejos. Por algo será...

Haz memoria, devuelve favores, olvida desplantes, deja el marcador a cero para volver a empezar tantas veces como sea necesario.

¿Sientes que ya está todo en orden? Y, al fin, ¿sabes expresar lo que llevas dentro? Si la respuesta es sí, estarás listo para lo que venga... Que sea mucho y bueno.

Querida yo de niña

Querida yo de niña... Con el tiempo, aprenderás que es importante amar lo que haces y, en mayor o menor medida, a la gente que tienes cerca.

Por eso, no te conformes con poco ni en lo profesional, ni en lo personal.

En cuanto a lo primero, no me refiero a que busques puestos importantes o salarios con muchos ceros —aunque si llegan y disfrutas con tu labor, bienvenidos sean—, sino más bien a que sientas que lo que haces merece la pena.

Y, lo segundo, no hace falta que te explique mucho más, simplemente que te rodees ahora y siempre de gente que te aporte cosas buenas, cuyas ideas completen la visión que tienes del mundo y que, estando con ellos, no te salga otra cosa que ser la mejor versión de ti mismo. Comprobarás que nada sucede por casualidad, la providencia no improvisa.

No cierres los ojos a la amabilidad del mundo que te rodea, no tengas miedo a conocer a gente nueva, nunca es tarde para que entre en tu vida alguien más que te demuestre que vale la pena confiar. Algunos llegarán para quedarse y lo mejor es que parecerá que llevan años junto a ti. Otros estarán de paso y como no sabes qué papel jugarán en tu vida, ni tú en la suya, procura dejar en todos un buen recuerdo

Comprobarás que nada hay más fuerte que la voluntad, que si te empeñas llegarás, seguro que llegarás.

Dar las gracias nunca está de más. Los buenos sentimientos nacen normalmente por la intervención de otro que los despierta, házselo saber, dile que sus palabras, sus abrazos o buenos deseos te hicieron sentir bien. No estamos para desperdiciar ratitos de felicidad, de esos que —aunque no duren eternamente— le dan sentido a todo, especialmente cuando transcurren en compañía.

Entenderás que aquí hemos venido a vivir, a hacer favores y a sentir enorme gratitud cuando te hacen uno, por pequeño que sea. Hemos venido para compartir momentos especiales y agarrar una mano cuando vengan días complicados, para ser el faro y el sustento de alguien.

Y, por último —aunque la lista de consejos sería interminable—, recuerda algo importante: sentirse querido te hace capaz, es el mejor punto de partida y, a la vez, la meta a la que todos —sin excepción— queremos llegar. Es un premio que la vida te concede cuando tú haces algo por merecerlo; aunque, sin duda, lo que lo caracteriza es su gratuidad. Sentirse querido es mantener la esperanza cuando parece que se va a perder; ser consciente de que hay personas pendientes de tu felicidad y saber que siempre hay quien espera tu regreso.

Sigue pensando y sintiendo

Sigue confiando, sigue creyendo en ti y en tus posibilidades porque, sin darte cuenta, estarás dando el primer paso para que lo que esperas suceda.

Sigue teniendo la certeza de que el camino comienza en ti, en tus sueños, en esos planes que por el momento solo existen en tu cabeza, en esas conversaciones en las que compartes tus ilusiones, en esos que te escuchan y las hacen suyas… El punto de partida eres tú, tus circunstancias, tu constancia y tu capacidad, pero también la asiduidad con la que cierras los ojos y lo deseas con fuerza. No es que de ilusiones se viva, es que con ilusión se empieza.

Sigue tachando días del calendario. Hacer la cuenta atrás transforma el tiempo de la espera en semanas de esperanza.

Sigue imaginando un futuro en el que los números bailan y tú con ellos, en el que la incertidumbre es parte indispensable del juego, en el que relativizas y los grandes problemas dejan paso a soluciones que antes no eras capaz de ver.

Sigue pidiendo ayuda, que no hay nada mejor que conocer las limitaciones de uno mismo para poder superarlas. Sigue brindando tu apoyo a quien lo requiera, que tus palabras de ánimo hacen capaz a quien las recibe, que tus favores pueden transformar vidas.

Sigue queriendo y queriéndote, sigue prestando atención a tus aspiraciones y también a las de todos aquellos que quieres conservar a tu lado, porque si no lo haces vuestros caminos se irán alejando irremediablemente.

Sigue soñando y pisando suelo firme a la vez, pon corazón y cabeza a partes iguales y, si consigues encontrar ese equilibrio, habrás dando grandes pasos hacia tu felicidad... Porque somos sentimientos a los que hay que poner orden de vez en cuando, porque todo acaba encajando cuando sentimos pensando y pensamos sintiendo.

Sigue haciendo planes, sigue marcando puntos en el mapa y comprando billetes que te lleven lejos. Sigue hablando con desconocidos, a pesar de que nos dijeran que no debemos hacerlo, porque habrá alguno que pase a formar parte de tu lista de imprescindibles.

Sigue recordando las cosas buenas que te reconcilian con tu pasado y con quienes formaron parte de él, sigue trayendo a tu presente a todos aquellos que deseas mantener cerca.

Sigue tomando decisiones, que si salen de ese equilibrio del que hablábamos antes te llevarán justo al lugar donde debes y, a la vez, deseas estar... Si ambas cosas coinciden, puedes darte por satisfecho. Créeme que eso es más de lo que muchos pueden llegar a soñar.

Y, a pesar de todo, quererse

¿Estás seguro? Dime que sí, aunque dudes, aunque te tiemblen las piernas cada vez que tienes que pronunciar un sí o un no, aunque las decisiones que dependen exclusivamente de ti supongan un reto en tu día a día.

Porque el hecho de que titubees no quiere decir que no tengas esa seguridad a la que me refiero. Yo hablo de esa que atrae a propios y extraños, esa que es tu mejor carta de presentación y tu herramienta más valiosa para llegar a donde te has propuesto... Hablo de la seguridad en ti mismo.

La que se ha ido fraguando a lo largo de los años, gracias a tus logros y —cómo no— a tus derrotas; la que dice de ti que eres capaz, la que te permite demostrar lo que vales y, sobre todo, lo que puedes llegar a valer —ya sabes, siempre estamos en camino—; aquella a la que te aferraste tras una gran decepción, porque desde fuera te recordaron que era cosa tuya salir de ahí y te lo creíste.

Es la que no deja indiferente, la que conquista, la que determina tu personalidad, es la que deja huella.

Es un rasgo que te define, pero es posible que no siempre fuera así; muchos van desarrollando un aplomo que hace unos años se presentaba como inalcanzable. No dejes de trabajarlo, de intentar superar tus inseguridades a fuerza de tomar decisiones, habiendo escuchado mucho previamente y hablando claro cuando corresponda y ante quien proceda.

Es cuestión de saber que el mundo espera algo de ti y que tú puedes dárselo. Es valorar tus ideas, al menos, al mismo nivel que las del resto, es no menospreciar ni uno solo de tus pensamientos y no tener miedo a expresar lo que llevas dentro.

Estar seguro de uno mismo es una forma de ser que, a veces, alcanza sus cotas más altas —siempre dentro de un orden— y, otras, pasa por registros más bajos... Lo importante es poder mantener esa actitud, que supondrá tu mayor aval ante ti y ante todos. Te resultará paradójico, pero no tendrás más remedio que confiar en ti, incluso cuando dudes.

Admiro a las personas así, me fascinan sus reacciones ante los imprevistos de la vida, ante las preguntas que surgen en una conversación entre amigos o ante las opiniones que contradicen lo que ellos defienden firmemente, porque enseñan sin pretenderlo.

Hablamos, claro, de aquellos que combinan esa determinación con una sencillez apabullante, que huyen de egos y del tan manido «te lo dije», que prefieren el «yo creo que...», sin estridencias ni falsa modestia, y acaban por convencerte.

Son personas válidas, en todos los ámbitos de la vida. Lo saben pero no pasan por encima de nadie. Están a gusto en su piel, son conscientes de sus virtudes y de sus defectos, siempre dispuestas a discutir sin imponer, a hablar de todo y con todos.

La seguridad en uno mismo es un privilegio, un regalo que todos podemos concedernos... Es cuestión de conocerse y, a pesar de todo, quererse.

Y tú, decide

Decide continuar o frenar en seco, seguir tu camino o tomar un respiro, cambiar la dirección o avanzar por la misma senda.

Decide si te gusta más blanco o negro, decídete por el gris si es lo que más te convence en este momento de tu vida, decide con qué color te quedas de la amplia gama de colores que tienes frente a ti. No descartes opciones, no renuncies a elegir por miedo a equivocarte, porque estarías dejando de asumir el maravilloso riesgo que supone vivir.

Decide, de entre todas las personas que irás conociendo a lo largo de tu vida, quién se queda y quién se va. Decide con quién quieres recordar tu pasado, compartir tu presente y proyectar tu futuro.

Toma decisiones de esas que pueden transformarlo todo, de las que te colocan en un sitio completamente diferente al que estás ahora, si es que lo necesitas. Toma decisiones y actúa en consecuencia, defiende aquello en lo que crees y rectifica

cuando entiendas que te has equivocado... Es la única forma de mantener el equilibrio.

Decide cuál es tu momento, que no te lo impongan. Decide si quieres salir corriendo o, por el contrario, permanecer quieto, observar y aprender.

Decide si puedes dar una, dos o infinitas oportunidades a quien tienes enfrente... No importa cuándo os habéis conocido, cuántos viajes habéis hecho juntos o cuántas tardes os habéis dedicado a arreglar el mundo que compartís, es más bien cuestión de confianza y eso no se cuantifica.

Decide arriesgarte cuando merezca la pena, cuando tengas la más mínima sospecha de que recordarás ese «sí» o ese «no» todos los días de tu vida.

Toma decisiones, que es un privilegio que se nos concede para ir haciendo de nuestra vida aquello de lo que sentirnos realmente orgullosos.

Decide todo lo que esté en tus manos y rodéate de personas cuyas decisiones supongan algo para ti, porque será señal inequívoca de que te importan.

Tu realidad y la de los demás

Cuando, cada día, te cruzas con decenas de desconocidos por la calle, inevitablemente tiendes a hacerte una idea sobre ellos, sobre aquellos que hacen el mismo camino que tú a la inversa. Imaginación, pensamientos y prejuicios que me hacen reflexionar sobre eso, sobre las ideas que surgen en nuestra mente, que se sostienen únicamente de lo que vemos; es decir, que se sustentan en la pequeña parte de la realidad que alcanzamos a percibir.

Y es que somos limitados, pero tendemos a tomarnos demasiado en serio nuestras consideraciones, por encima incluso de lo que de verdad es, o está pasando.

No somos conscientes de que el filtro que aplicamos con nuestras ideas preconcebidas limita mucho la realidad a la que tenemos acceso. Por eso, intenta escuchar otras opiniones que ayuden a completar la que tú tienes del mundo o incluso te reafirmen en tu postura. Procura también dejar de encontrarle explicación a todo aquí y ahora, será el tiempo el que te dé la mejor respuesta cuando incluso ya tú ni te lo cuestiones...

Es bueno controlar nuestros juicios de valor y permitir que la vida transcurra, que el paso de los días, meses o incluso años, nos vaya situando —a nosotros y a los demás— justo en el lugar en el que nos corresponde.

Esto nos alejará y nos acercará a ciertas personas irremediablemente, nos ubicará en diferentes sitios a lo largo de nuestra vida y en nosotros estará decidir dónde y —sobre todo— junto a quién queremos echar raíces.

Una vez leí que debemos ser amables con todo aquel que nos cruzamos, porque no sabemos en qué batalla se encuentra inmerso. Así que, aprovecha tu camino de ida y vuelta al trabajo, o cualquier trayecto que hagas, y procura devolver una sonrisa a la mirada de ese desconocido, porque cabe la posibilidad de que sea lo único bueno que vaya a recibir a lo largo del día...

Haz que lo que dependa de ti se convierta en un buen recuerdo.

Vales tanto

Vales tanto que, a través de ti, alguien entendió el significado de palabras como «generosidad», «amor» o «esperanza».

Vales tanto que debes caer en la cuenta de que un gesto o una palabra tuya tienen el poder de curar las heridas que no se ven.

Vales tanto que tienes la capacidad de escuchar a un amigo, de ayudarle cuando te lo pide, de admirarle con sus virtudes y también con sus defectos.

Vales tanto que los años te han demostrado lo que ya sospechabas, que cambiaste la vida de tus padres nada más llegar a este mundo y que continuaste en esa línea conforme ibas creciendo, dejando un poco de ti en todos aquellos con los que te cruzabas. Vales tanto que, a través de ti, ellos también viven, puesto que celebran tus alegrías y lamentan tus penas; recuerda que tus aspiraciones son las suyas y las de todos aquellos que confían en ti. Vales tanto que te permites a diario decirles lo que les quieres, porque esas palabras te dan respeto, pero no miedo.

Vales tanto que ya has convertido alguno de tus sueños en realidad y tienes otros tantos para cumplir, esperando el momento.

Vales tanto que tomas decisiones, que te equivocas y que aciertas, que vas a por ello asumiendo todas las consecuencias.

Vales tanto que agradeces cada detalle que alguien tiene contigo —ya sean flores, una postal o una visita—, porque sabes que viene de quien quiere verte feliz.

Vales tanto que estás aprendiendo a quedarte con lo bueno. Cuesta y es algo que nunca se aprende de forma definitiva, pero merece la pena. Por ti, por ellos.

Vales tanto que te atreves a intentarlo una y otra vez, a golpe de ganas, que de eso tienes de sobra.

Vales tanto que disfrutas de la buena compañía, porque sabes que no cualquiera tiene tu buena suerte, porque sabes que si eres afortunado tienes la obligación de ser consciente de ello.

Vales tanto que una sonrisa tuya es contagiosa.

Tirar la toalla

¿Has estado a punto alguna vez de tirar la toalla? Reconozco que, en ocasiones, es una tentación demasiado grande, que te entran ganas de darte por vencido.

Para evitarlo, yo suelo aferrarme a lo conseguido hasta ese momento, me motivo y me convenzo a mí misma de que vale la pena, de que si no abandoné en otros momentos de desánimo, ¿por qué sí debería hacerlo ahora? Y entonces empiezo a dar un paso y otro y, casi sin darme cuenta, retomo el camino.

Pero, no nos engañemos, esos tiempos son necesarios. Es absolutamente normal reflexionar acerca de ello, pero debemos impedir que nos paralicen. Es imprescindible que sepas discernir, diferenciar lo que es grave de lo que es anecdótico y no echar el freno en tu vida ante cualquier imprevisto que, en la mayoría de ocasiones, no llega a ser problema —aunque nosotros nos empeñemos en verlo como tal—.

Porque solo tirando hacia adelante se puede enderezar lo que se ha torcido, porque tenemos toda una vida para seguir concediéndonos oportunidades y rectificar.

Porque tomar aire es la mejor forma de recobrar fuerzas, porque contando hasta diez somos capaces de relativizar y darle a cada cosa su justa importancia.

Porque eres perseverante, si no ¿cómo habrías llegado hasta donde lo has hecho?

Porque siempre hay una mano amiga que nos ayuda a recomponer ese puzle que es nuestra existencia. Porque esas piezas que hemos extraviado vuelven a aparecer y encajan igual que siempre, igual de bien.

Porque hay que levantarse cuando suena el despertador, porque nuestro día a día se compone de pequeños retos que empezamos a vencer en el mismo momento en el que nos presentamos allí donde se nos espera, para hacer lo que debemos.

Porque, conforme vamos creciendo, vamos aprendiendo y no podemos menospreciar ninguna de las enseñanzas que nos han traído hasta aquí.

Porque debemos acostarnos con la conciencia tranquila y, para ello, tenemos la inmensa suerte de ser dueños de nuestras palabras, que dirigimos exactamente a quien queremos... Pedir perdón y dar las gracias son acciones que nos reconcilian con los demás y, sobre todo, con nosotros mismos.

Si la toalla ha caído, no te preocupes; vamos a lavarla, a tenderla, que le dé el aire. Después, recógela y cárgala al hombro como siempre. Te seguirá sirviendo para limpiar aquello que se ha ensuciado, para tumbarte, para envolverte en ella cada vez que lo necesites.

No te rindas, que tú mismo sigues esperando mucho de ti y eres la última persona a la que debes defraudar.

Te aseguro...

Te aseguro que no merece la pena disimular mostrarnos como aquello que nos gustaría ser, en lugar de dar rienda suelta a la naturalidad.

Te aseguro que no hay nada más bonito que una sonrisa sincera, sin artificios ni estridencias, de esas que se convierten en inolvidables para quienes las reciben.

Te aseguro que si aprendes a contar hasta cien, quienes te rodean te lo agradecerán.

Te aseguro que un día te darán una mano que no estarás dispuesto a soltar.

Te aseguro que el tiempo pasa volando, que a veces es fácil que la nostalgia se apodere de nosotros, pero que si supimos aprovecharlo no habrá nada de qué lamentarse.

Te aseguro que tenemos memoria selectiva, que en nosotros está quedarnos con lo bueno y olvidar lo malo. Solo tenemos que querer.

Te aseguro que las oportunidades pasan y que si no sabemos aprovecharlas tendremos más ocasiones de intentarlo, pero que la cosa no está como para desperdiciar...

Te aseguro que unas palabras dichas en el momento oportuno tienen la capacidad de curar.

Te aseguro que cuando pides un favor corres el riesgo de que te lo hagan y de sentir entonces una de las mejores sensaciones del mundo, el agradecimiento.

Te aseguro que hay personas que solo verás un día en tu vida y te marcarán para siempre, y, sin embargo, hay otras con las que te cruzas a diario que te serán absolutamente indiferentes.

Te aseguro que cuando sepas discernir entre qué quieres en tu vida y aquello de lo que quieres alejarte lo máximo posible habrás dado un pasito más hacia tu felicidad.

Te aseguro que la alegría y la tristeza son sentimientos que se contagian fácilmente y que tú debes saber estar con los que quieres en ambos casos.

Te aseguro que no tenemos la certeza de cómo será nuestro futuro, pero que vivimos un valioso presente en el que sembrar aquello que queremos recoger más adelante.

De regalos y premios...

Lo que te mereces no cae del cielo, las mejores noticias no llegan solas, hay que ponerse en camino y hacer que sucedan.

Es cierto que hay momentos en la vida en los que estamos más «peleones» y otros en los que nos sentimos sin fuerzas para alcanzar la meta que nos habíamos propuesto... Son estados de ánimo que se suceden en la vida y que nos sitúan en un lugar u otro. En nosotros está no estancarnos y evolucionar, a pesar de todo, a pesar de todos.

Deshojar margaritas es algo que todos hemos hecho alguna vez y hemos comprobado que lo único que nos queda después de hacerlo es un montón de pétalos en la mano, una flor que —podría decirse— ha dejado de serlo y un «sí» o un «no» que no se sostienen.

Desmenuzando las flores que caen en nuestras manos no vamos a construir el futuro en el que nos gustaría instalarnos más adelante; más bien deberíamos plantarlas, regarlas y verlas crecer. Quien habla de un jardín, habla de una vida en general.

Y pensando en todo esto, llego a la conclusión de que yo no quiero tener buena suerte, prefiero merecerla, hacer todo lo que esté en mis manos para pronunciar dos sencillas palabras que, a veces, lo son todo... ¡Lo conseguí!

Al fin y al cabo, la ilusión que te provoca recibir un regalo no puede compararse con la satisfacción que sientes al obtener un premio, porque este último es merecido y el primero no siempre lo es.

Comparte con los que te quieren esa alegría, comprobarás que siempre han estado ahí, que permanecieron y te sostuvieron cuando ni tú mismo creías en ti. Es pura justicia que te acompañen a recoger tus frutos. Parte de la cosecha es suya, que no se te olvide.

Sentir que das los pasos en la dirección correcta, o que un día te desviaste pero que conseguiste recuperar el rumbo; sentir que nunca es tarde para hacer las cosas bien, o que rectificar es una segunda oportunidad que solo te puedes conceder tú mismo; sentir que las cuentas acaban saliendo cuando te empeñas en seguir sumando y no tanto en restar o dividir...

Sentir que recibiste un regalo y que has sido capaz de transformarlo en un premio porque, al fin, lo mereces.

Hoy por ti y mañana... ¡También!

La vida es elegir y, por tanto, renunciar a unas cosas y apostar el todo por el nada, sin ninguna razón aparente, fiable ni cierta; es dejarse llevar por un corazón que piensa y una cabeza que siente.

Cuantas más decisiones tomamos, cuantos más «sí» convencidos salen de nuestra boca y más rotundos somos a la hora de pronunciar el «no», más nos acercamos —sin darnos cuenta— a ese lugar al que queremos llegar.

Pero es complicado, nadie dijo lo contrario.

Puedes pasar página o quedarte en la misma un ratito más, quizá toda la vida. Y, como sabes que estás a tiempo, siempre andas demorándolo, sin reparar en que lo que retrasas es tu propia felicidad. Otras veces está fuera de nuestro alcance. Alguien nos dice ese «no» —que tan mal cuerpo nos deja—, o ese «espera, todavía no es tu momento» —que aún nos permite conservar la esperanza—.

No existen garantías, eso solo lo encontramos en las tiendas. Nadie nos va a devolver los minutos invertidos, las ganas ni el empeño que pusimos en dar lo mejor de nosotros mismos. Pero, aún así, nada estará perdido, muy al contrario: se trata de pequeñas inversiones que hacemos a lo largo de nuestra vida.

Y es que dejamos un poco de nosotros en todo aquel con el que hemos compartido algo de tiempo o en todos esos lugares por los que hemos pasado. Y, al final, acabará rentando en el mejor sentido.

No te alejes de aquellos que se grabaron a fuego «hoy por ti y mañana, también»... Hay más de los que crees a tu alrededor, son admirables y no lo saben. Eso los hace mejores aún.

Es de valientes

Es de valientes no tirar de manual y atreverse con lo inesperado.

Es de valientes saber despedirse a tiempo, no esforzarte por retener a tu lado a quien quiere alejarse.

Es de valientes comprender que no hay fuerza más grande que el cariño, pero que este puede llegar a desaparecer, haciendo que se desvanezca todo aquello sobre lo que se sustentaba, sin dejar ni rastro.

Es de valientes esperar tu turno y no precipitarte, aceptar esos límites impuestos por el respeto.

Es de valientes sustituir palabras por abrazos cuando la situación lo requiere, saber dónde está tu sitio y cuándo es tu momento.

Es de valientes admirar y querer a partes iguales, comprender que lo segundo sin lo primero es prácticamente imposible.

Es de valientes ir y volver ligero de equipaje, tomar el control y cambiar de dirección cuando sientas que pisar el freno o el acelerador ya no es suficiente.

Es de valientes elegir, tomar partido, ser coherente; es de valientes no mantenerse al margen cuando te piden que des un paso al frente.

Es de valientes conservar secretos que acercan vidas. Es de valientes tener complicidad con alguien porque sabes que siempre habrá quien espere mucho de ti y que te esforzarás por no defraudarle. No se me ocurre mejor motivación.

Es de valientes saber dar las gracias, con el corazón lleno y la sonrisa en la cara. Ambas cosas te transforman.

Es de valientes ser conscientes de que los mejores momentos de nuestra vida pasarán desapercibidos si no los compartimos con quienes queremos. Es de valientes porque estaremos reconociendo que sin ellos no somos nadie.

Pero, sin duda, los más valientes son aquellos que ponen todo su empeño en hacer feliz a alguien... Ellos sí que son valientes.

Menos mal

Menos mal que de todo se aprende, que nadie llega a nuestra vida por casualidad y que todo lo que vivimos son pistas que nos conducen al lugar en el que debemos estar, justo en el momento en el que se nos espera... aunque nosotros no sepamos ni verlo, ni valorarlo.

Menos mal que has perdido algo que pensabas que necesitabas y después aprendiste a vivir sin ello, o incluso te despediste de alguien que te enseñó con su partida mucho más que cuando estaba a tu lado.

Menos mal que los sueños se cumplen cada cierto tiempo, que lo que un día era imposible, a fuerza de creer en ti, lo hiciste realidad. Menos mal que los que te rodean siguen celebrando contigo cada triunfo, cada logro. Menos mal que las cuentas atrás acaban y, de repente, te ves allí.

Menos mal que un día empezaste a encontrarle la gracia a los días en los que parece que nada sale, porque precisamente esos acaban con pequeños logros que te hacen sentir, nada más y nada menos, capaz.

Menos mal que aprendiste a ser realista, sin necesidad de bajar tus expectativas, pero sí esa exigencia vana que no te conducía a ninguna parte, más que a frustración y engaño. Menos mal que valoras lo que tienes a tu alcance, aprecias lo que te rodea y mantienes tus esperanzas bien alto.

Menos mal que te han abrazado, menos mal que te has sentido querido y respetado. Menos mal que te han cuidado, que te han mimado, que te han ayudado cuando más lo necesitabas.

Menos mal que has reído y llorado, dando a cada sonrisa y a cada lágrima su justa importancia. Menos mal que has superado barreras, que has dejado atrás tus miedos y te has visto enfrentándote a otros que ni tú mismo sabías que andaban por ahí; menos mal que le has echado valor.

Menos mal que has vuelto a arreglar el mundo con los de siempre, menos mal que nunca os cansáis de hacerlo. Menos mal que las oportunidades no se acaban, menos mal que eres tú el que te las concedes y has aprendido a ser más benevolente, contigo y con lo demás.

Menos mal que las palabras perdón y gracias siguen conservando intacto su valor, menos mal que hay quien las sigue utilizando a diario.

Lecciones de vida

Las despedidas suelen dejar mal sabor de boca. Si no quieres hacerlo, porque te encuentras echando de menos desde el primer momento, porque de repente te das cuenta de que estás contando los días que faltan para volver a cruzaros. Y, si quieres decir adiós, la sensación no es mucho mejor, ya que algo ha ocurrido para tomar esa decisión, para querer poner distancia con algo o alguien que hasta el momento había formado parte de tu vida.

Temporal o definitivo, cuesta pronunciar el «hasta pronto» o el «hasta siempre» que dará lugar a una nueva etapa.

Por un lado están los recuerdos. Los hay buenos, malos y regulares... pero todos y cada uno de ellos te han hecho llegar al lugar en el que te encuentras hoy. No te arrepientas de haberlos vivido porque de nada servirá, pero sí debes replantearte la actitud que mantuviste en determinadas situaciones y preguntarte si lo volverías a hacer, así se aprende.

No temas al hecho de echar la vista atrás, es tu oportunidad para aprender a golpe de vida y créeme que esas lecciones no se olvidan.

No olvidas cuando, entre varias opciones, elegiste una y te diste cuenta de que tomar decisiones no es sencillo, que nos pasamos gran parte de nuestra existencia eligiendo y que eso determina nuestra vida.

No olvidas aquellos años en los que querías crecer a toda prisa y, ahora que has llegado a esa edad en la que se suponía que podrías hacer de todo, compruebas que llegar tarde, beber vino, comer lo que te apetezca y no rendir cuentas ante nadie está sobrevalorado.

No olvidas cuando memorizabas cada país del mapa y soñabas con visitar esos lugares cuando crecieras; te preguntas cada día cuándo será el momento de poner rumbo a donde tu imaginación ya te llevó años atrás. No dejes de hacerlo porque, de esa manera, seguro que llegará.

No olvidas cuando te riñeron, cuando te corrigieron y tuviste que tragarte tu orgullo, porque lo agradeces como una de las primeras tomas de contacto con la realidad, porque conforme has ido creciendo has tenido que tirar de humildad varias veces y eso lo traías aprendido de casa.

Las despedidas, los buenos y malos recuerdos, las elecciones, el paso de los años, los sueños que se cumplen y los que están por hacerse realidad, las pequeñas frustraciones que evitarán las grandes... son lecciones que se aprenden sobre la marcha, viviendo con todas tus fuerzas.

A golpe de sentimiento

Las palabras tienen un poder enorme, pero aún más los actos.

Por eso, te resultará muy sencillo saber quién te quiere tener cerca, quién te echa de menos, quién comparte tus sueños, quién se alegra de lo bueno que te sucede, quién siente tus contratiempos como si fueran los suyos propios, quién atiende a tus asuntos con el interés del que parece tener algo en juego, tu felicidad, nada menos.

En definitiva, acabarás sabiendo distinguir entre los que están fuera y aquellos que se han hecho un sitio en tu vida.

Supongo que eso requiere un entrenamiento, conocer a mucha gente, tropiezos tuyos, suyos y de los dos juntos, y así poder comprobar si sigue a tu lado cuando te levantes o si te dejó y siguió su camino.

Si tú aspiras a ser razonablemente feliz —hablo de esa alegría realista, que en algunos momentos se quiebra, pero que te permite afrontar el futuro con esperanza—, esfuérzate por la dicha de los que te importan... Verás como vuelve a ti, del mismo modo en el que la has producido.

Por otro lado, es complicado tener ese sexto sentido para prevenir las desilusiones, pero merece la pena darse cuenta por uno mismo. Por eso, da por bien empleadas las decepciones, porque son necesarias para conocer a los que te rodean e incluso a ti mismo.

No hay nada que te proteja de los demás. Tampoco lo busques, será bonito aprender a golpe de sentimiento.

A veces se gana, a veces se pierde, y no solo obedece a cómo hacemos las cosas, sino que también depende de la persona a la que tenemos enfrente.

Todo llega, si lo deseas y, sobre todo, lo mereces. El problema es cuando tarda, cuando pasan semanas, meses o incluso años y no recibimos lo que esperamos, pero créeme que ante nosotros pasan cientos de oportunidades para alimentar nuestra esperanza, para evitar que nos rindamos.

Quizá no es lo que querías, pero sí lo que necesitabas en ese momento para no desistir.

Gracias por enseñarnos...

Muchos dicen querer empezar de cero, borrar todo lo que han vivido hasta ese momento en el que se encuentran y arrancar con ilusiones renovadas y ganas a raudales.

¿Es que no quieren tener presente todo lo que han aprendido a fuerza de vivir? ¿Es que pretenden volar sin caer? Intenta caminar por allí donde pasaste otras veces con los ojos vendados y sin recordar dónde estaban las piedras, verás como pides recuperar la memoria y destapar tus ojos...

Somos unos ingratos con aquellos que nos dieron solo lo que podían ofrecernos y no lo que ingenuamente esperábamos de ellos; con quienes aprendimos que las decepciones curten, los que nos demostraron que el mundo no se acaba tras derramar unas cuantas lágrimas. Con esos que nos dijeron que no una y otra vez, haciéndonos ver que no siempre los planes saldrán a nuestro antojo; con los que nos enfrentamos y nos recordaron que no teníamos la razón o, por el contrario, nos ayudaron a reafirmarnos en nuestra opinión y a defenderla con más intensidad.

Gracias por enseñarnos de qué va esto...

Va de no claudicar así porque sí, pero tampoco empeñarnos en lo que no tiene sentido.

Va de ganarte la vida sin dejar tus principios por el camino, va de quedarte con las buenas intenciones de quienes se acercaron a ti y olvidar las zancadillas, o al menos no guardarles rencor.

Va de estirar tu mano hasta que llegue a quien la necesite, va de querer al menos a una persona más que a ti mismo. Va de acostarte cada noche con un buen deseo por transmitir a alguien y no dejar de hacerlo al día siguiente.

Va de hablarlo todo, de no quedarte nada dentro que te queme, porque ese fuego no lo puede apagar nadie más que tú. Va de compartir tus aspiraciones para que te las recuerden si algún día sientes la tentación de abandonar.

Va de tomar conciencia de que, como tú, no hay dos; va de no ignorar a quienes te piden ayuda, aunque sea con la mirada, porque no se atreven a hacerlo de otra forma.

Va de dejar de recrearnos en nuestros problemas que, si no han hecho que el mundo ralentice su ritmo, es porque carecen de la importancia que nos empeñamos en darles.

Va de saber alegrarnos por aquellos que queremos cuando la vida les sonríe y saber estar a su lado siempre.

Va de no esperar a que todo se nos revele de forma clara y concisa, de saber adelantarnos y estar cuando se nos espera.

En definitiva, va de estar a la altura de nuestra mejor versión.

Vamos a poner rumbo...

Vamos a hacer que merezca la pena, a dar ciento por uno.

Vamos a tener un plan B y a ponerlo en práctica de vez en cuando, para asegurarnos de que funciona y que, incluso, puede ser mejor que nuestro planteamiento inicial.

Vamos a dejarnos sorprender, porque nunca sabemos cómo, cuándo, ni dónde.

Vamos a mirar de frente, a pisar fuerte y a cantar alto, vamos a poner el corazón en la mano para decir lo que pensamos y vamos a jugar respetando las reglas que un buen día decidimos que rigieran nuestra vida.

Vamos a soñar de forma que no exista despertador que nos haga abrir los ojos, que podamos recordarlo tan bien que lo acabemos haciendo realidad tal y como lo imaginábamos.

Vamos a ponerle valor, tanto que al final del día estemos sin fuerzas y nos quede el regusto para ponerle las mismas ganas al día siguiente.

Vamos a entregarnos a las causas perdidas, a terminar todo lo que empezamos, ya sea un libro, una canción o un camino... Vamos a poner el marcador a cero, a meter goles, a dejar que nos los marquen y a esperar a la prórroga.

Vamos a ser sinceros con todo el que nos tienda su mano apenas un minuto, una hora, un día, semanas, meses o toda una vida...

Vamos a compartir un buen café, una larga conversación, un día de playa, un rato frente a la chimenea y, sobre todo, unos buenos abrazos, que aprieten cuando haya alegrías y en los que se olviden los malos momentos. Tienen un enorme poder, el que nosotros queramos concederles.

Vamos a volver a nuestro sitio preferido de vez en cuando, que siempre está ahí. Vamos a tener unas aspiraciones que nos muevan y un buen sentimiento, al menos uno, que nos guíe en nuestra forma de actuar.

Vamos a ser conscientes de que cada buen recuerdo que una persona nos deja es un vínculo que nos une a ella para siempre.

Vamos a tropezar sabiendo caer, lamentándonos el tiempo justo y levantándonos de un salto.

Vamos a viajar en buena compañía y a pasear por calles que no sabemos a dónde nos llevarán.

Vamos a llegar a la cima y a culminarla con esa mezcla de satisfacción y vértigo que da verlo todo desde arriba.

Vamos a ilusionarnos, vamos a poner rumbo a ese destino —un lugar, una persona— que está esperando nuestra llegada... ¿Vamos?

PARA PENSAR EN TU FAMILIA Y SER CONSCIENTE DE TU FORTUNA

«Bien por los que priorizan, por los que anteponen lo que de verdad importa a lo que es pasajero. Bien por los que son capaces de disfrutar de lo sencillo, porque rozan la felicidad a diario»

Tú la llamas mamá

El Día de la Madre, que debería ser cada uno de los que componen el calendario, es el día de la generosidad infinita, el de «dar sin recordar y recibir sin olvidar».

Con esta excusa, yo le recuerdo a la mía que estas líneas son suyas... Ella es así, de hacer favores antes de que se los pidan, de adelantarse a todo y a todos, de estar cuando no se la espera. Ella es de dar la solución para problemas que aún no han surgido, de tener tiempo para todos menos para ella misma, de querer por encima de sus posibilidades y hacértelo saber.

Porque tuvimos la inmensa suerte de crecer con ella cerca, porque desde el mismo momento en el que nacimos nos convertimos en su absoluta prioridad. Porque sus noches en vela con su mano en nuestras frentes sanaban, y aún hoy sigue teniendo esa capacidad de curar con su sola presencia. Estar con ella es sentirse bien, es tener la certeza de que no habrá lugar en el mundo en el que nos podamos encontrar mejor.

Porque no conoce la pereza, porque es la persona más trabajadora que conozco. Porque nos transmite devoción por lo que ella considera que son sus obligaciones, porque cuidarnos para ella es su suerte y porque disfruta cuando nosotros lo hacemos. Porque su calendario no conoce días festivos, ni su reloj horas libres, ni su cabeza distancias, porque siempre está a nuestra entera disposición, para lo que necesitemos, sin condiciones.

Porque sabe situarse en el lugar en el que le corresponde, porque es prudente y discreta, porque intenta encontrar siempre el equilibrio entre lo que debe y lo que quiere. Porque sabe rectificar y pedir perdón cuando se equivoca, y también perdonar; porque no conoce la soberbia, porque sabe poner distancia y acortarla cuando la vida lo dispone. Porque sabe que cuidarse a sí misma es garantía para poder seguir dándose al resto y por eso lo hace; no por ella, sino por los demás.

Tenemos la oportunidad de recordar a nuestras madres a diario —a las que están y a las que se fueron— que son nuestras imprescindibles, que sin ellas cerca todo sería infinitamente más difícil, que las admiramos profundamente.

Sigue mirándola con ojos de niño, no dejes de verla como la mujer más poderosa del mundo por mucho que hayas crecido, aunque la hayas alcanzado en altura o incluso la hayas sobrepasado, porque lo sigue siendo.

Ellas son esas personas que un día nos dieron la vida y que, desde ese momento, se situaron en un segundo lugar para darnos a nosotros el primero de forma incondicional, sin merecerlo.

Y nosotros somos una extensión de ellas, un trocito de sus vidas que cobra propia existencia. Y nos quieren simple y llanamente por lo que somos. Pocas veces encontraremos un amor tan incondicional como el que ellas nos brindan.

Y tú, lo único que haces para merecerlo, es llamarla mamá.

Al buen padre

Un padre nos deja su mejor legado sin pretenderlo, ejerciendo como tal, a su forma y manera.

El mío... nos enseñó a dejar volar la imaginación con esos cuentos que inventaba sobre la marcha, esos que ilustraba con esos dibujos tan suyos, tan nuestros. Sus trazos son los de quien dibuja con el corazón, que pone en todo lo que hace.

Nos ha transmitido que lo que fácil llega, se pierde al poco tiempo; que el esfuerzo es nuestra mejor carta de presentación y que los resultados, antes o después, sabrán compensarlo.

Nos ha intentado convencer siempre de que preocuparse en exceso no merece la pena, «porque si tiene solución, ¿para qué me voy a preocupar? Y, si no la tiene, ¿qué gano preocupándome?». Esto, que en la teoría suena fácil, le he visto llevarlo a la práctica en numerosas ocasiones, contagiando un optimismo sincero a los que le rodean.

Nos ha inculcado que hay que ser agradecidos, que es recomendable tener una memoria selectiva para recordar lo bueno y aprender a convivir con lo malo, relegándolo al olvido si fuera necesario para poder seguir hacia adelante sin rencor. Es leal y justo.

Nos ha demostrado que siempre estamos a tiempo de volver a empezar, que rectificar es concedernos una nueva oportunidad a nosotros mismos. Hace de nuestros sueños los suyos; de nuestras aspiraciones, las suyas; de nuestras alegrías, su orgullo.

Nos ha insistido siempre en el enorme valor de un «gracias», un «por favor» o un «lo siento» pronunciados en el momento justo.

Nos ha dicho que «no» siempre que la ocasión lo ha requerido. Nos puso unos límites cuyo sentido hemos comprendido conforme hemos ido creciendo. Nos acompañó en nuestros primeros pasos y cuando caímos, ahí estaba, dispuesto a curar nuestras heridas y ayudarnos a levantarnos.

Nos ha abrazado siempre que lo hemos necesitado y hemos comprendido que, probablemente, no haya lugar en el que nos vayamos a encontrar más seguros.

Nos resistimos a soltar su mano porque estamos seguros de que, con él cerca, seremos capaces de llegar más lejos, por el mejor camino; porque siempre ha creído en nosotros y, lo que es más importante, nos lo ha transmitido.

Papá nos ha animado a que intentáramos convertirnos en buenas personas y, lo que es mejor, ha resultado ser el mejor ejemplo para procurar llegar a ser una de ellas.

Si tienes un hermano...

Si tienes un hermano, sabes que vives por dos. No importa la distancia que os separe o lo distintos que seáis, sus penas y alegrías son las tuyas, más que las de nadie, y te pertenecen tanto como a él.

Y le agradeces que te haga sentir capaz de conquistar el mundo, porque nadie como él cree en ti y en tus posibilidades. Y te consideras afortunado porque entiendes que nunca, nunca, nunca, estarás solo, porque eres consciente de que la genética es caprichosa y que en donde los otros ven diferencias, tú sientes que pasa algo así como que «tenéis los mismos ojos, con diferente mirada...».

Eso al menos creo yo. El mío es de pocas palabras y grandes gestos. Nunca exige nada a nadie, pero siempre está dispuesto a dar el ciento por uno, es la palabra generosidad en su más amplio sentido. Es bueno como él solo, se hace querer.

Es espontáneo y cabezota. De vez en cuando saca su carácter a pasear, pero como él tiene poca memoria hace que a ti también se te olvide lo malo. No conoce —por falta absoluta de uso— lo que es el rencor.

Tiene muchos sueños por cumplir, de ellos se vale para darle un sentido a su vida, y ha demostrado que «si quiere, puede hasta volar». Se entrega desde el minuto uno, porque ha comprendido que los finales bonitos requieren que previamente haya habido buenos comienzos. Sabe querer mucho y bien.

Él se equivoca y rectifica para conquistar esos perdones que nos hacen más grandes —solo el que es perdonado de corazón puede seguir viviendo—. Aprende poniendo el alma por delante y va dejando trocitos de ella por cada vida que pasa.

Es humilde, disfruta con su trabajo y transmite pasión por lo que hace. Es agradecido, se considera afortunado y procura estar a la altura de lo que se espera de él. Es transparente y en sus ojos se refleja todo lo que tú quieras saber, todo lo que estés dispuesto a conocer de él.

No tiene dobleces, va por derecho. A veces es un torbellino que hay que amainar, intenta contar hasta diez pero a veces no llega ni a tres... Lo acabará consiguiendo, como todo lo que se propone.

Quizás este escrito no le sirve a nadie más que a mí, probablemente nadie más pueda sentirse reflejado. Pero, te propongo que le cambies las palabras y les recuerdes a tus hermanos todo lo que les quieres. Yo, al mío —después de tanto tiempo—, le debía estas líneas.

A los que nos faltan

Están pendientes de nuestra felicidad y nos cuidan desde el cielo, pero los sentimos aquí.

Y recordamos lo que vivimos con ellos como si hubiera sido ayer.

Y tenemos presente su olor, sus voces, sus caricias.

Y no los olvidamos porque nuestra historia estaría incompleta sin ellos.

Y pasan los años, pero ellos no pasan.

Y por eso reconforta que no caigan en el olvido, que nos empeñemos en que sigan aquí, con nosotros, ya sea en forma de foto, canción o vestido.

Y los momentos que compartimos son su mejor legado, y a ellos nos aferramos cuando la nostalgia quiere arrebatarnos la serenidad que el paso del tiempo nos concede.

Y hay días en los que el recuerdo duele y otros que alivia; hay fechas que nos gustaría borrar del calendario desde que no están y otras que agradecemos que existan para que vengan a nuestra memoria con más fuerza.

La contradicción de quererlos sin verlos, de sentirlos sin tocarlos, de añorarlos sin que se vayan un solo segundo de nuestro pensamiento.

Y hablamos de ellos, como si eso fuera a devolvérnoslos en algún momento... Pero lo hace, claro que lo hace. Ay, el enorme poder de las palabras —de las nuestras, de las que salen del más profundo amor—, que a través de nosotros, otros los conocen y hasta les cogen cariño.

Para ellos, los santos de nuestra vida.

PARA TUS IMPRESCINDIBLES

«Bien por las personas que, simplemente, son buenas... Eso las hace ser las mejores, las imprescindibles»

Los que sacan lo mejor de ti

Un día empezaste a admirarles, reparaste en esas virtudes en las que muchos o pocos se habían fijado antes que tú, comenzasteis a compartir trocitos de vida y desde entonces sois amigos.

Esas personas que cuentan con tu confianza y tu cariño reservan lo mejor de sí mismos para ti, sin horarios ni condiciones, y acudirán a ti cuando lo necesiten, porque tu apoyo les reconfortará más que cualquier solución definitiva.

No caeré en el tópico de que «no importa cuánto tiempo hace que no le ves, cuando os reencontréis parecerá que el tiempo no ha pasado», porque simplemente no estoy de acuerdo.

Cuando estéis frente a frente, os daréis un gran abrazo y no dejaréis de sonreír. Esperar tanto un momento y que se haga realidad no tiene precio. Comprobaréis que habéis cambiado, pero también que lo que siempre os ha unido sigue ahí, intacto.

Os quitaréis la palabra de la boca, intentando poneros al día de todo lo que os ha pasado desde la última vez que hablasteis; cosas importantes y otras cotidianas, pero todas igual de interesantes a oídos de quien te quiere.

Seguiréis soñando juntos, riendo y llorando, cumpliendo años, veranos y navidades... Pero permaneceréis ahí, donde siempre, ocupando ese lugar único en vuestras vidas.

¿Y, qué hay de ese momento en el que echáis la vista atrás? ¡Eso es magia! Comprobar cómo, pasados los años, habéis ido cumpliendo vuestros sueños y alcanzando metas, con el otro en primera fila, sin perder detalle.

Que en la mayoría de tus recuerdos aparezcan esas caras tan familiares no es casualidad, es la elección que hicisteis y que habéis mantenido a pesar de las distancias y las circunstancias. Lo que sobrevive siempre merece la pena.

Vas cumpliendo años y vas aprendiendo que poco importa lo que haces si no tienes con quién disfrutarlo de verdad.

Que no tengáis la necesidad de echaros de menos para volver a veros. Ponle nombres a este escrito, recuerda sus caras y hazles saber lo importantes que son para ti.

Amigos son los que sacan lo mejor de ti sin pretenderlo; ni ellos, ni tú.

Soy de quien...

El otro día leí que «somos de quien nos piensa a mitad del día y sonríe»... Estoy de acuerdo, pertenecemos a esas personas que nos tienen cariño, no importa desde cuándo.

Es un sentido de la posesión tan bonito y tan real que me han entrado ganas de aumentar esa lista y pensar en las personas a quienes —de alguna forma— pertenezco.

Soy de quien me conoce bien y, a pesar de todo, decide permanecer a mi lado.

Soy de quien ve más allá, de quien no se conforma con pocas palabras o gestos elocuentes, de quien quiere saber por qué.

Soy de aquellos que anteponen el hoy al mañana, porque son conscientes de que pueden hacer mucho más por su presente que por lo que vendrá.

Soy de quien tiene Fe, así, en mayúsculas.

Soy de quien se atreve a pronunciar un «te quiero» y asume las consecuencias.

Soy de quien me cuenta un secreto, de quien confía en mí y comparte lo mejor y hasta lo peor de su vida conmigo.

Soy de los que contagian ilusión a golpe de sueños cumplidos, de los que se atreven a empezar algo, sobre todo cuando ese algo implica la felicidad de alguien más.

Soy de quien coge una guitarra y le canta al tiempo que pasa, que no vuelve.

Soy de quien equilibra su balanza a base de ratos con familia y amigos, de quien tiene la certeza de que esa es su mayor fortuna.

Soy de quien se sienta frente a un papel en blanco y es capaz de plasmar lo que piensa, lo que siente.

Soy de quien tiene las cosas claras y me las acaba aclarando a mí, pero también de quien se replantea cada cierto tiempo su vida.

Soy de quien da paseos por la playa y es consciente de que es un privilegiado, soy de quien nada hasta la boya, pero también del que —a veces— prefiere quedarse en la orilla.

Soy de los que saben decir «hasta aquí he llegado», de los que dan media vuelta con la misma dignidad con la que anduvieron el camino hasta ese punto de retorno.

Soy de quien está seguro de sí mismo, pero es consciente de que una sonrisa puede desbaratar todos y cada uno de sus planes en cualquier momento.

Es bonito echarte de menos...

Las personas «disfrutonas» son una bendición para quienes las rodean, porque tienen la maravillosa habilidad de contagiarte su entusiasmo y dejarte con buen sabor de boca, al menos mientras estás con ellas.

No necesitan grandes cosas para sonreír y no es que se conformen con poco, es que se han grabado a fuego aquello de que «la felicidad consiste en tener algo que hacer, alguien a quien querer y alguna cosa que esperar»[1]. Que no es poco...

Son realistas y en sus días hay buenos y malos momentos, pero saben encontrar el equilibrio perfecto para no perder ni el norte, ni la sonrisa.

Son los mejores confidentes porque escuchan y no te van a dejar lamentarte más de la cuenta, porque cuando hagas una pausa, te pondrán un vaso de agua

---

1 Thomas Chalmers, Ministro presbiteriano, teólogo, escritor y reformador social, 1780-1847

delante, para que bebas hasta la última gota y entonces entiendas que no sirve de nada teorizar acerca de si un vaso está medio lleno o medio vacío, que lo importante —al fin y al cabo— es saciar tu sed.

Viven con esperanza, agradeciendo cada muestra de afecto que reciben y dando siempre el ciento por uno. Un abrazo suyo es curativo.

Te zarandean cuando te hace falta, cuando ven que estás centrando tu atención en cosas que no la merecen y hacen todo lo posible por recordarte qué es lo que de verdad importa, porque ellos lo saben.

Su generosidad es la de quien sabe que lo que no se comparte, se acaba perdiendo.

Son conscientes de que la felicidad de uno solo se acaba disipando, la de varios que se alegran por lo mismo crece sin control y, entonces, es estupendo formar parte de esa cadena.

La naturalidad les caracteriza, no disimulan y la sinceridad es parte de su encanto.

Procura rodearte de personas así, las admirarás con la misma intensidad con la que las extrañarás cuando no estén a tu lado. Te dejarán el mejor recuerdo.

Y, con el paso del tiempo, entenderás que hasta echarlas de menos es bonito.

Que te rías, que se ría

Que te rías, que se ría... de lo bueno que os ocurra, porque caigáis en la cuenta de lo afortunados que sois, y de lo malo también, porque tengáis la seguridad de que todo pasa.

Que te llame y que le llames; que nada, ni nadie, retrase esa conversación con la que poner orden a tus cosas y a las suyas, que vuestro mundo siga girando al ritmo de siempre, sin prisas.

Que siempre os digáis lo que os pasa por la cabeza con el corazón en la mano. Que la sensatez equilibre la balanza, que se disipen las excusas y empieces a merecer lo que deseas.

Que miréis atrás con la satisfacción de haber hecho todo lo que estaba de vuestra parte para que las cosas salieran bien, que brindéis por los proyectos que finalmente se hicieron realidad y por los que no... Que las consecuencias de vuestros actos en el pasado os hagan felices hoy en día.

Que tengáis motivos para continuar el camino emprendido, que os anime a ser pacientes y a ser exigentes con vosotros mismos.

Que confiéis en que, si de hace unos años a esta parte vuestros sueños se han ido cumpliendo, de aquí en adelante lo seguirán haciendo con la misma periodicidad. Solo es necesario confiar y dejar que la vida transcurra.

Que las circunstancias os sorprendan y reaccionéis de una forma diferente, que sepáis superar esas situaciones que ponen a prueba vuestra humanidad, que vuestras respuestas estén cargadas de buenas intenciones.

Que penséis en amigos, en familia y en vuestras parejas cuando hayáis leído estas líneas, que terminéis este párrafo, cojáis el teléfono y se lo hagáis saber.

Nada como caer en la cuenta de que aquellos que un día elegimos como compañeros de viaje nos completan, nos dan lo que a nosotros nos falta.

Espero que te atrevas...

¿Qué virtudes buscas en las personas que te rodean? No me refiero a que hagas un «casting», pero me pregunto qué admiras en esa gente para querer tenerla cerca.

¿Qué les hace especiales sin que lo pretendan? ¿En qué momento te ganaron para siempre? ¿Qué hicieron para cambiar en lo más mínimo tu vida? Y con esta última cuestión no me refiero a que tú fueras el que recibiera alguno de sus favores o se viera beneficiado por sus acciones, más bien a qué hizo esa persona para dejarte con la boca abierta y pensando... ¡Te quiero en mi vida!

Espero que tengas a alguien enfrente que no pueda evitar reírse cuando tú lo hagas, pero que también esté cuando no te salgan las palabras y no necesite rellenar esos incómodos silencios, porque contigo —sencillamente— nada le resultará incómodo.

Espero que te haga replantearte lo que hasta entonces ha sido para ti verdad absoluta. Cambiarás o no de opinión, pero te hará crecer sin pretenderlo.

Espero que tengas un buen entorno, que acudas a unos y otros para tener conversaciones interminables y que una discusión suponga un punto seguido, pero no final.

Espero que nunca conozcas el significado de la palabra orgullo, es letal para las relaciones entre las personas; sin embargo habrá otras que debes grabarte a fuego a la hora de tratar con los demás: generosidad y lealtad.

Espero que te perdonen tu orgullo en determinados momentos, que te animen en esos días en los que tengas la tentación de tirar la toalla, que tengan el valor de decirte lo que no quieres escuchar, pero que también sepan ponerse en tu piel y sean capaces de perdonártelo todo. Espero que te acompañen en tu «volver a empezar» tantas veces como lo necesites, que se queden toda una vida a tu lado sin tener la tentación de salir corriendo cada cierto tiempo.

Espero que tomes conciencia de que las horas que pasas con alguien son buena garantía, pero nunca un cheque en blanco.

Espero que no tenga que pasar nada irreparable para apreciar cada segundo que respiras, que cada día te acuestes con la seguridad de haber cumplido esos pequeños sueños que nos permiten volver a dormir de un tirón, con la conciencia tranquila de haberlo intentado.

Espero que no te arrepientas de algo sin remedio, que siempre tengas tiempo para reconocer tus errores, enmendarlos y seguir andando con la cabeza bien alta, satisfacción incomparable.

Espero que te atrevas, que nada te asuste, pero que, de ser así, cuentes con alguien que te preste un poco de valor... Y que, por supuesto, tengas tiempo y oportunidades para devolvérselo con creces.

La balanza de la memoria

Sentirse agradecido es una de las mejores sensaciones que se pueden tener, sobre todo porque eso sucede cuando nos ha ocurrido algo bueno con la inestimable colaboración de alguien y, ya se sabe que la alegría compartida... ¡vale por dos!

Por eso, cada día asegúrate de contar con, al menos, una persona a la que poder mirar emocionado cuando te den esa noticia que esperas, a quien enviarle un mensaje, a quien abrazar y con quien poder mirar atrás y ver que todo esfuerzo tiene su recompensa. Si son dos o algunas más, serás realmente afortunado.

Hay gente que, con su ejemplo, te demostró que la perseverancia en el presente es la llave de un futuro feliz, que la cabeza y el corazón deben estar equilibrados antes de tomar una decisión y que, con ganas, todo se puede.

Otros te enseñaron que las circunstancias lo condicionan todo, pero la seguridad que uno tiene en sí mismo puede darle muchas veces la vuelta a cualquier situación. Entonces aprendiste a atreverte y, sobre todo, a apostar por ti mismo. Tú eres tu mejor aval. Si los que te rodean confían en ti, ¿quién eres tú para dudar?

Hubo un tiempo en el pensaste que ya no conocerías a nadie más, que el cupo de tus amistades estaba lleno. Pues, créeme que puede llegar a rebosar.

Porque hay mucha gente buena y, a veces, entras en racha y no haces más que cruzarte a personas estupendas por el camino... Entonces no tendrás más remedio que hacerles un hueco en tu vida, se lo ganarán a pulso y te harán tener más fe, crecer en todos los ámbitos.

Muchos terminarán teniendo un lugar privilegiado a golpe de momentos compartidos, de buenas palabras y hechos —que es lo más importante—, de sinceridad arrolladora y abrazos que te dejan sin respiración, de llamadas en el momento oportuno y de generosidad a raudales. Las amistades se curten con el tiempo, pero todas tuvieron un comienzo, no lo olvides.

Seamos agradecidos con cada gesto amable que alguien tiene con nosotros: por su paciencia a la hora de escucharnos, por su cariño a la hora de aconsejarnos, por su generosidad a la hora de prestarnos su tiempo. No demos por hecho que nos lo merecemos, no le restemos importancia a que haya gente que esté pendiente de nuestra felicidad. Porque siempre estaremos en deuda con sus desvelos, sus favores —esos que nos hacen sin que nos demos cuenta— y sus buenos deseos.

Habrá gente que te sorprenda gratamente y habrá quien te decepcione. Tú evolucionarás, dándole importancia a lo que realmente la tiene.

Que la sencillez marque tu forma de actuar, de vivir y de sentir. No es simplicidad, es darle a cada cosa —y persona— su lugar.

Serás feliz en función de lo que recuerdes y olvides, tú pones el peso en la balanza.

En sus zapatos

Ponte sus zapatos... Esfuérzate para que tu pie entre, átate los cordones y echa a andar.

Comprobarás que aprietan donde menos podías imaginar y que, incluso, te harán rozaduras, de esas que tardan un tiempo en desaparecer, de las que marcan y no olvidas.

Es que es más complicado de lo que creemos ponernos en el lugar del otro y andar su camino, enfrentándonos a sus miedos, sus frustraciones, sus malos recuerdos y sus sinsabores.

Todos tenemos derecho a segundas oportunidades, a intentar llevar a cabo el «si quiero, puedo», a escuchar unas palabras de aliento y a arriesgarnos sin tener cargo de conciencia.

Todos tenemos derecho a dejar a un lado los «por si acaso» y apostar por los «por supuesto», a olvidarnos de las dudas y derrochar seguridad.

Todos tenemos derecho a atrevernos con los planes improvisados, con los «aquí y ahora», con rutas que se escriben en la servilleta de un bar.

Ojalá contemos siempre con el permiso de los que tenemos alrededor a equivocarnos, porque está claro que nosotros no nos lo vamos a conceder.

Deberíamos prescindir de vez en cuando del reloj que marca las horas, y de las agendas que encorsetan nuestros días. Merecemos sueños compartidos con los que nos quieren, brindar sin motivo aparente, conservar recuerdos que nos impidan rendirnos y aprender a esperar sin desesperar.

Agáchate, aprieta esos cordones que se te han aflojado, que vas a tropezar incluso podrías caerte. ¿Ves cómo cuesta? ¿Ya has comprobado por ti mismo que no es tan sencillo como creías?

De vez en cuando está bien... dejar de opinar para empezar a escuchar, dejar de pensar para empezar a sentir.

Las que inspiran...

Las que cuando se levantan de la cama ya tienen el «buenos días» en la boca y las que no se acuestan sin haber dado las buenas noches al menos a una persona.

Las que saben el enorme poder que tiene el sentido del humor, las que se dejan conquistar por alguien que les haga reír.

Las que saben lo que quieren y van a por ello, pero por el camino se entretienen porque no tienen prisa, que ya sabes que es la peor consejera.

Las que se equivocan sin culpar a nadie más que a sí mismas, las que tienen la suficiente humildad como para pronunciar ese «he sido yo» que muchas veces es el mejor punto de partida para volver a empezar, para volver a intentarlo.

Las que son transparentes, aquellas a las que se las ve venir de frente, las que saben ser sinceras sin golpear con sus palabras.

Las que sueñan —y no solo piensan— en voz alta, porque les gusta compartir ilusiones, por si te contagian.

Las que sacan tiempo de donde no lo tienen para llegar a todas partes, las que en lugar de kilómetros cuentan las ganas que tienen de verte, las que para cada problema tienen una solución.

Las que se quieren a sí mismas en la justa medida, las que saben que las comparaciones son odiosas y se empeñan en ver en el espejo la mejor versión posible.

Las que son conscientes de sus defectos pero no se machacan con ellos, las que saben que están ahí, pero que se pueden corregir.

Las que bailan, aquellas incapaces de quedarse sentadas mientras suena la música. Las que cantan desafinando y, a pesar de ello, llegan a la última estrofa dejándose las cuerdas vocales.

Las que dan los mejores consejos, porque vienen de quien no te puede ver sufrir.

Las que son valientes, las que no hacen lo que se esperaba de ellas sino que superan las expectativas.

Las que dedican al menos diez minutos al día a hacer algo que les apasiona.

Las que no ponen condiciones a quienes se quieren quedar junto a ellas, las que saben querer y dejarse querer hasta las últimas consecuencias.

Las que enloquecen cuando merece la pena, con quien vale la alegría.

Personas, mujeres y hombres, que inspiran.

Si quieres, hablemos...

De remolinos y cambios, de sensaciones y certezas, de sueños y realidades...

Hablemos de eso y de mucho más, hablemos de lo que te ocupa y preocupa, hablemos de lo desconocido, de lo que está por venir y de lo que ya pasó.

Hablemos de los problemas cuyas soluciones no son simples sumas o restas, hablemos de distancias que implican algo más que kilómetros. Hablemos de imaginar, improvisar y volar.

Hablemos recordando que las palabras se las lleva el viento y que lo que importa es lo que hacemos por los demás y con los demás.

Hablemos de medicinas, esas que no tienen color ni sabor y sí nombre propio.

Hablemos de bailes cuyos pasos nos inventamos y canciones que componemos nosotros mismos cuando más contentos estamos, sin duda tienen la mejor melodía.

Hablemos de lo bien que nos sienta una copa a media tarde, un vestido azul o un baño en el mar bien temprano...

Hablemos de esos libros que lees una y otra vez, historias de las que ya sabes el principio y el final, pero que disfrutas como la primera vez.

Hablemos de orgullo y humildad, hablemos de pisar firme, de tender la mano y mantener la mirada a la altura adecuada.

Hablemos de arrepentimientos que siempre deben dejar paso a un «perdón» porque, si no, de nada sirven.

Hablemos de conservar las buenas maneras, de respetar a los demás y a uno mismo.

Hablemos de que «amor con amor se paga» y de que una sonrisa siempre debe ser devuelta.

Hablemos de lo que te gusta, de lo que te hace sentir bien y de los que te motivan a ser mejor. Mantenlos cerca siempre.

Hablemos de paisajes que ves cuando cierras los ojos, de lugares donde te pierdes de vez en cuando para lograr encontrarte, a ti y a todo lo que has dejado por el camino.

Hablemos de la paciencia y la tenacidad, porque con ambas cosas tendremos la certeza de que todo llega.

Hablemos de contratos que se firman en el aire y de la responsabilidad que nos queda cuando alguien confía en nosotros.

Hablemos de lo que nos acordamos de unos y otros, hablemos de la próxima vez que nos veremos y así la espera se hará más corta.

Si quieres, hablemos de miradas que lo dicen todo y palabras vacías...

Para compartir un ratito

Para que sonrías —cómo no—, para que no te olvides de los que lo hicieron bien cuando tuvieron la oportunidad de tratarte, para que te empeñes en seguir conociendo más y más a los que tienes cerca.

Para que sigas agradeciendo con la ilusión del principiante cada oportunidad que se te da. Para que compartas con idéntica emoción con quienes quieres tanto un helado, como una enorme fortuna, porque al fin y al cabo lo importante es partir y repartir.

Para que cantes sin vergüenza y bailes sin zapatos, para que bebas en buena compañía y comas saboreando cada trocito. Para que abraces con fuerza y sepas aflojar cuando llegue el momento de la despedida.

Para que sepas ganar y perder, para que cuentes con la suficiente humildad a la hora de reconocer tus fallos y seas lo bastante inteligente como para potenciar tus virtudes.

Para que seas consciente de lo que, poco a poco, vas consiguiendo y de lo que no. Para que recuerdes el título de una buena película y te emociones al verla de nuevo, para que leas —al menos— una línea al día que te haga pensar y, sobre todo, te reconcilie contigo mismo.

Para empezar a contar hasta cien cuando la cuenta realmente está en negativo, para replantearte tus miedos y pensar si son más grandes que tus ganas, para darle su sitio a la esperanza, tan denostada en estos tiempos.

Para que mires hacia atrás con satisfacción, para que tengas la certeza de que podía haber sido mejor, pero simplemente no sería tu vida.

Para que tengas tus valores al día, para que sepas que ni tú, ni yo, ni ellos, tienen la verdad absoluta en su poder. Para que comprendas que las circunstancias son determinantes en la vida de una persona, pero que no es bueno caer en el relativismo.

Para que nadie te estropee ni una fantástica puesta de sol, ni un día de lo más normal, porque simplemente se sienta incapaz de hacértelo —de fastidiarte— precisamente a ti.

Para que te abrigues cuando hace frío y te tumbes al sol cuando por fin salga, para que no acabe ni un día sin que disfrutes del tiempo meteorológico y del otro... Que pasa volando, por si no te habías dado cuenta.

Para compartir un ratito con aquellos a quienes más quieres, que puede ser toda una vida.

Da gusto

Da gusto cuando la conversación fluye, cuando las palabras salen solas y también cuando sobran, da gusto cuando la persona que tienes enfrente atiende y entiende cada cosa que dices.

Da gusto cuando encuentras respuestas en buena compañía, cuando surgen nuevas dudas que te recuerdan que la verdad absoluta no existe y que tu opinión cuenta como la del resto. Ni más, ni menos.

Da gusto cuando sientes que has cambiado el curso de la historia de alguien. Recuerdas así el inmenso poder que tienen tus ideas, tus pensamientos y tu capacidad para expresarlos.

Da gusto cuando tienes la sensación de que estás en el momento y en el lugar adecuados sin habértelo propuesto, da gusto que la providencia haga de las suyas y te sitúe justo en el sitio en el que debías estar.

Da gusto ver cómo algunos procesos van llegando a su fin y otros no han hecho más que empezar, da gusto aprender por el camino y ser consciente de que cada persona que se nos acerca a lo largo del camino tiene algo que aportarnos, por poco que sea el tiempo que ha permanecido a nuestro lado.

Da gusto ver triunfar a los que queremos, en cualquier ámbito de la vida: lo importante es que su sonrisa se nos siga contagiando y seamos capaces de encontrar un hueco para celebrar todo lo bueno que les suceda.

Da gusto saber que confían en nosotros también cuando las cosas salen mal, porque tenemos la capacidad de consolar y de animar en la misma proporción. Da gusto sentirnos útiles hasta el punto de ser capaces de mejorar un estado de ánimo, casi nada.

Da gusto saber que no tienes cubierto el cupo de sorpresas, que los «cuando menos te lo esperas» suceden, que los nuevos trabajos se encuentran y nuevas personas llegan a tu vida, que visitarás nuevas ciudades sin planearlo demasiado y que tendrás nuevas ideas para alimentar esos proyectos que, a veces, quedan atascados por falta de imaginación, de tiempo o de ganas.

Da gusto saber que, pase lo que pase, el mundo sigue girando contigo dentro y que las oportunidades surgen a fuerza de intentarlo, de apostar por uno mismo, de buscar y encontrar, de equivocarse y rectificar, de elegir, de tomar partido, de abandonar una opción y apostarlo todo por otra... Da gusto, en definitiva, vivir.

Toda una vida

Me gustaría tener la capacidad de hacer felices a los que más quiero, saber qué les preocupa sin necesidad de preguntarles y ofrecerles la solución a todos y cada uno de sus problemas.

Me gustaría estar al día de lo que necesitan, que un gesto mío tuviera el poder de transformar sus días malos en buenos, no juzgar ni uno solo de sus pasos sin haber hecho antes el esfuerzo de ponerme en sus zapatos.

Me gustaría recordar cada cierto tiempo qué es lo que nos une, poner la cuenta a cero y seguir sumando, como siempre.

Me gustaría hacer memoria con ellos sobre cómo eran nuestras vidas antes de conocernos y preguntarnos por qué aún seguimos en contacto. Nada como poner en valor aquello que de verdad lo tiene para sentirnos afortunados de nuevo, una y mil veces.

Me gustaría infundirles seguridad, que vieran tan claro como yo que son capaces de cambiar el mundo con solo poner un pie fuera de la cama.

Me gustaría hacerles olvidar sus dudas, recordarles que si han llegado hasta aquí, podrán hacerlo hasta allí... Que apenas unos peldaños les separan de su objetivo, de esa meta que cada vez está más cerca. Me gustaría apagar el despertador que se empeña en poner fin a sus sueños.

Me gustaría verles recoger los frutos de lo que han sembrado, pero más aún cosechar con ellos, mano a mano.

Me gustaría hacerles ver con hechos y no con palabras todo esto.

Que se descubran ante ti

«Si quieres conocer a una persona, no le preguntes por lo que piensa sino por lo que ama». Esta frase de San Agustín me parece clave para plantear las relaciones humanas. Al fin y al cabo las ideas cambian, se reemplazan, pero lo que uno ama de verdad rara vez se pierde, es claramente insustituible.

Por eso, creo que en cualquier conversación que se precie, alguna de estas preguntas surgirá de alguna u otra forma...

¿Ante quién te quitas el sombrero? Los hay íntegros y coherentes, que son un verdadero ejemplo sin proponérselo. Te ayudarán a tomar las mejores decisiones, que son las que salen tras combinar cabeza y corazón. Los hay generosos. Es una bendición conocer a muchos así, que te contagian sus ganas de dar, de disfrutar con las alegrías de los otros, de tener poca memoria para llevar según qué cuentas. Los hay serenos, que no pierden los papeles con facilidad. Los hay sinceros, que no titubean al expresar lo que sienten y piensan, que lo hacen con suficiente tacto para no herir a nadie. Los hay sencillos y humildes, de esos que no son conscientes del bien que hacen, de esos que valen un mundo y no se dan ni cuenta.

¿Cuál es tu tabla de salvación? Esa a la que te aferras cuando hay marejada, cuando las olas te arrastran y eres como un muñeco de trapo que solo se deja llevar, esa que te permite flotar a pesar del temporal. ¿Qué o quién te ayuda a resistir, a no dejar de mover los brazos, dónde encuentras consuelo cuando lo precisas?

¿Qué no te deja dormir, qué te desvela? Perder el compás, no entender el ritmo que marca tu vida y la de los que tienes cerca, entretenerte con las cosas sin importancia y no dársela a lo que te debería hacer perder la cabeza. Planes, planes y más planes que salen o que, por el contrario, se quedan sin vivir. Tener lejos durante demasiado tiempo a quien tanto bien ha hecho en ti, en tu vida; no ser capaces de sacar siquiera dos minutos para deciros lo bien o lo mal que os va todo y, sobre todo, lo que os echáis de menos.

¿Qué te hace ponerte en pie? Las ganas, saber que las calles están puestas esperando tus pasos. La improvisación, esos momentos que no sabes de dónde salen ni con quién vas a compartirlos, pero que te dejan buen sabor de boca. Las conversaciones pendientes, los bares sin horarios. Las reuniones familiares, ahondar en tus raíces y ser consciente de que, por mucho tiempo que pase sin verles, no compartes sangre y recuerdos más que con ellos... Grande o pequeña, cerca o lejos, qué importante es la familia.

Ojalá puedas quitarte el sombrero a diario y se descubran ante ti, te aferres a tu tabla de salvación en contadas ocasiones y siempre tengas tu mano tendida, duermas a pierna suelta cada noche y no le robes el sueño a nadie...

Que siempre encuentres la razón para mantener la esperanza.

Quisiera contarte...

Quisiera contarte que la espontaneidad es una virtud, de las más grandes, porque con ella sale a relucir lo que somos realmente, lo que pensamos sin censuras, lo que sentimos sin tapujos.

Quisiera contarte que no hay sentimiento más bonito que la felicidad, y cuando esta es compartida crece hasta límites insospechados.

Quisiera contarte que los días pasan y que no es bueno que estos acaben sin que escribas una línea, escuches una canción y tengas una conversación que te saque una sonrisa, o dos.

Quisiera contarte que los recuerdos son el sustento de nuestro presente y que los buenos, esos que tienen un sitio privilegiado en nuestra mente, son la base de nuestra alegría.

Quisiera contarte que la lógica está para llevarle la contraria y que las decisiones que tomas son siempre las acertadas porque, si te equivocas, te ayudarán a terminar llegando a la correcta.

Quisiera contarte que las palabras se las lleva el viento pero que los hechos permanecen, que tu proceder te define y que debes cuidar a los que más quieres.

Quisiera contarte que merece la pena transmitir todo lo bueno que pasa por tu cabeza porque si no, se quedará en eso, en mero pensamiento, y sería maravilloso que lo transformaras en realidad.

Quisiera contarte que no hay nada mejor que un paisaje verde para tus ojos, una voz familiar para tus oídos que te transporte a un sitio muy querido y el olor a flores.

Quisiera contarte que cuando surge un imprevisto puede dar lugar a grandes e inolvidables momentos. Quisiera contarte que no hay nada mejor que sentir que has aprovechado el tiempo, por poco que tuvieras, queriendo y sintiéndote querido.

Quisiera contarte, en definitiva, que no hay sensación comparable a saber que no hay otro sitio en el mundo en el que desearas estar en aquel momento.

Y sus abrazos siguen curando

Cada vez nos cuesta más poner una fecha para volver a vernos, a esos abrazos que curan.

Diferentes caminos, otras ciudades, nuevas compañías... Inseguridades que van dejando paso a una serenidad que te hace sentir bien, que te hace pensar que estás en el lugar adecuado, que acalla esas prisas que a veces te entran por volver. Parece que has acabado entendiendo que tu sitio es aquel en el que te encuentras, que en ti —y solamente en ti— está el hacerlo tuyo.

Pero agradeces cada mensaje, cada llamada, cada «qué ganas de verte» o cada «me acordé de ti». Sigues teniendo ganas de estar allí o de traértelos para acá, pero ya no sientes que estás en tierra de nadie. Ahora disfrutas de los que están lejos de otra forma y te empeñas en conocer mejor a los que tienes cerca.

Aunque también cuentas los días para volver y comprobar que el tiempo pasa, pero que los sentimientos permanecen; que las ciudades pueden variar de aspecto, pero que son quienes las habitan los que realmente las transforman con su simple presencia. Al fin y al cabo, recuerda que de nada nos sirve regresar a casa si está vacía.

Sus risas suenan igual que siempre y siguen con esa capacidad intacta de contagiarte su alegría. Y los momentos especiales surgen sin que nadie se lo proponga, una simple reunión alrededor de una mesa es suficiente para que fluyan los recuerdos y tomemos conciencia de qué es lo que nos une, qué es lo que realmente importa.

Y sus abrazos siguen curando. Y las puestas al día duran horas, porque nuestras dudas crecen a medida que cumplimos años, porque nuestras decisiones pesan... Porque, al fin, hemos comprendido que la verdadera felicidad puede variar en función del «sí» o el «no» que pronunciemos en determinados momentos, de un salto a un agua que siempre nos salpica, a nosotros y a los que nos rodean.

Cada vez es más difícil reencontrarnos, de hecho hay ausencias que no se suplen fácilmente.

Cada vez hay más vida a cuestas, más heridas que curar, pero también cosas más importantes que celebrar.

Cada vez echas de menos con más intensidad, pero a la vez has aprendido a reconciliarte con ese sentimiento, que te ha enseñado a valorar a quien tienes en tu vida por encima de esas circunstancias pasajeras que se llaman distancia y tiempo.

Que todo pasa, que todo llega.

Buenos días, buenas noches

Buenos días, buenas noches. Apenas dos palabras son suficientes para cambiar el estado de ánimo de alguien al empezar la jornada o al terminarla.

Día a día nos acordamos de quienes están lejos, incluso de aquellos que viven en nuestra misma ciudad, pero a los que no vemos con la asiduidad que nos gustaría... Sin embargo, no siempre se lo hacemos saber. Y entonces, ¿de qué sirve?

Los buenos sentimientos nacen siempre por una razón con nombre y apellidos. Qué menos que compartirlos con esas personas que nos hacen ser un poco mejores.

Cierto es que estamos en constante evolución, que nuestras circunstancias lo determinan casi todo, que nuestra educación y nuestros valores condicionan nuestra percepción del mundo, pero recuerda que estaríamos incompletos sin quienes nos rodean. Ellos forman parte intrínseca del sí o el no que pronunciamos cada día, de nuestras decisiones.

No es que opinen, es que somos los que somos gracias a ellos... A sus consejos, a su paciencia infinita cuando nos empeñamos en ahogarnos en un vaso de agua, a su confianza ciega en nuestras posibilidades, a sus ánimos, a su capacidad para ponerse en nuestra piel, a esa admiración que nos profesan sin apenas merecerlo, a su forma de reconducir nuestros pasos cuando nos equivocamos y, en definitiva, a incluirnos en su plan de vida, casi nada.

Por eso, no escatimes en buenos gestos con ellos, se los merecen. Habrá días en los que estés cansado, en los que pensarás que no llegas, en los que tus esfuerzos por estar al tanto de sus vidas fracasarán. Comunica, no lo cogen, demasiados kilómetros de por medio... No importa, mañana tendrás una nueva oportunidad para recordarles que continúas ahí, que no te olvidas, que el ritmo de la vida sigue —pero que el de la tuya suena peor sin ellos—.

Hazles saber que son importantes para ti, que tu existencia tendría menos sentido si ellos no estuvieran cerca.

Aprecia tu vida, desde la familia que tienes a los amigos que te rodean, pasando por el trabajo que desempeñas.

Es tu vida y tienes que quererla por encima de todo, cuidarla, procurarle la mejor versión de ti mismo para alcanzar todo lo que te propongas, de la forma más honrada y digna que conozcas. Entonces, habrá merecido la pena.

Una sensación incomparable

Resulta que te encantaría estar allí, pero como no puedes, te alimentas de los «me acuerdo de ti» o de los «ojalá estuvieras aquí». No recordabas que te gustara tanto ese lugar, sin embargo te digo que no es el sitio lo que hace que tengas esos deseos, es la gente. Tus amigos, tu familia, son los que convierten en especial lo vivido y, por tanto, tus recuerdos.

Y te animas, convenciéndote de que a la «próxima no faltas», de que habrá muchas más ocasiones, de que no vuelves a quedarte sin billete o, simplemente, sin la oportunidad.

No te hablo de una celebración en concreto, ni de una semana al año, ni siquiera de un evento que llevaba marcado en rojo en tu calendario desde hace tiempo y que, por alguna poderosa razón, te has perdido, porque efectivamente habrá muchos más. Te hablo de tu vida, de las miles de veces que postergamos nuestra felicidad porque no encontramos el momento... Búscalo, encuéntralo y, sobre todo, vívelo.

No le des esquinazo a las risas aseguradas, ni a los abrazos sinceros, tampoco a las conversaciones que curan. Intenta apuntarte a todas esas citas en las que se requiere tu presencia, que por algo será.

Reserva un momento al día para los que más quieres. No solo te lo agradecerán ellos, sino que acabarás cayendo en la cuenta de que quien más necesita esos minutos eres tú.

No te canses de dar y recibir, que la vida consiste en eso, en que necesiten lo que das y merezcas lo que recibes. Si eso es así obtendrás la mejor de las recompensas.

Déjate querer, asume tus defectos y potencia tus virtudes, haz que valga la pena quedarse a tu lado. No te hagas esperar, llega puntual siempre, no vaya a ser que se te adelanten y pierdas la vez. Hay veces que sí se hace demasiado tarde...

Y cuando estés en ese sitio en el que te citaron, en el que te estaban esperando, disfruta de lo que allí encuentras, de las caras que te rodean, de la cuenta atrás que por fin llega a su término... Porque tener la sensación de estar justo en el lugar en el que debes, en el que quieres, es incomparable.

Cuando sobran las palabras

Me gustan las palabras que abren puertas, las «gracias» dichas en el momento oportuno, acompañadas de una gran sonrisa; los «perdón» que curan, que te hacen olvidar y que van seguidos de un abrazo; y los «por favor» que acaban dando derecho a todo, que piden un permiso que se concede con gusto.

Me gustan las despedidas en las que se resisten a pronunciar el contundente «adiós» y se decantan por un «hasta pronto», sobre todo cuando existe la firme intención de cumplirlo.

Me gustan los «buenos días, las «buenas tardes» y las «buenas noches» que deseamos a los que nos rodean. Pero también me gustan los contratiempos, los que nos hacen espabilar y buscar el cambio, los que sacan lo mejor y lo peor de nosotros, los que nos recuerdan que somos humanos.

Me gusta volver a intentarlo, me gusta recoger la toalla que arrojé y me gusta levantarme después de una caída. Me gusta contar las horas, señal de que algo espero.

Me gustan los «no te preocupes» que te hacen sentir capaz de todo, los que borran cualquier problema y con los que comprendes que mañana, más y mejor.

Me gustan los «¿cómo estás?» porque esperan una respuesta de ti, porque te dan la oportunidad de compartir con quien te pregunta qué te ocupa y te preocupa.

Me gustan los «me he acordado de ti» porque suelen estar cargados del cariño más inmenso, porque suelen venir de quien quiere tenernos presente en su vida.

Pero también me gusta cuando sobran las palabras... Me gusta estrechar una mano que te deje sin ellas, me gusta mirar frente a frente y que esté ya todo hablado.

Y, sobre todo, me gustan las caras expresivas, esas que acumulan arrugas resistentes a cualquier crema, porque es la vida misma, con sus vaivenes, la que las provoca.

No importa desde cuándo

¿Qué has hecho para cambiar mínimamente su vida? Le conoces desde hace días, semanas, meses, años... No importa desde cuándo, el caso es que hace un tiempo decidiste que formarías parte de su historia y que esa persona ocuparía un sitio en la tuya, y eso os acaba transformando aunque sea de forma casi imperceptible.

Y es bonito, porque nadie pretende que se produzcan, simplemente esos cambios surgen y te acercan a lo que te gustaría ser, en la mejor compañía.

Sus preocupaciones serán las tuyas y sus alegrías también, os haréis preguntas y por más que os empeñéis, no obtendréis respuesta. Mejor así.

Es bueno tener dudas, que te dejen con la boca abierta y con las ideas del revés.

Puede ser que al leer los párrafos anteriores te hayas acordado de una, dos o tres personas... incluso de todas las que conoces porque, seas o no consciente, han dejado un poco de ellas en ti y viceversa.

Es la forma que tenemos de aprender a vivir y no debes protegerte de ello.

Algunos son amigos, otros no tienen que serlo necesariamente; de hecho es posible que ya no formen parte de tu vida o que lo vuelvan a hacer más adelante. Pero recuerda algo: os cruzasteis un día y eso ya no habrá forma de cambiarlo.

De eso se trata, de discernir entre lo que gusta y lo que no, lo que quieres en tu vida y lo que querrías apartar y, por último, llevarlo a cabo... Porque la teoría se aprende relativamente fácil, lo complicado es convertirla en realidad y hacer de ello un modo de vida.

A mí me fascinan los que mantienen la ilusión a pesar de todo, los que perseveran hasta obtener lo que buscan y conservan la humildad de los comienzos; los que «si quieren, pueden», los que son capaces de ser sinceros sin herir al que tienen enfrente, los que siempre tienen una sonrisa dispuesta, los que hablan con la mirada, aquellos a los que les resulta complicado disimular, los que son consecuentes y son más de actos que de palabras. Son personas que valen la pena. Si cuentas con alguien así cerca, tienes una fortuna a tu alcance.

Pero, al final, y por encima de todo, creo que nuestra forma de relacionarnos con los demás debería resumirse en una frase: «Trata a los demás como te gustaría que te tratasen a ti».

PARA AFRONTAR EL PASO DEL TIEMPO Y LOS CAMBIOS QUE TRAE CONSIGO

«Bien por los que no se preguntan las razones, pero encuentran el motivo. Bien por los que consiguen lo que quieren sin pararse a pensar en los medios que tienen»

Que no espera a nadie

Nos da las mejores respuestas, las más certeras, sin necesidad de que le preguntemos a nadie.

Nos ayuda a elegir, porque con él acaba llevándose aquellas opciones que un buen día dejan de serlo, dando paso a lo que permanece, a lo que quizá termine siendo lo mejor para nosotros aunque no sepamos verlo con claridad en el momento presente.

Todo lo cura, a veces pasa volando y otras es eterno.

Transcurre igual para todos, lo que hacemos con él es lo que realmente marca la diferencia.

Es sabio, es el juez más ecuánime que existe, el que todo lo pone donde corresponde. Nos da la razón y nos la quita.

Tenemos la capacidad de transformarlo, dándole un valor incalculable si lo invertimos en estar con los que más queremos o en hacer lo que nos apasiona.

Somos sus dueños, aunque con demasiada frecuencia lo olvidamos y se nos termina escapando.

Es la plena seguridad de que no hay mal que cien años dure, ni cuerpo que lo resista; es frustración de quien espera algo que no llega. Pero es también el triunfo de la constancia, la victoria de los que perseveran, porque —en la mayoría de las ocasiones— a cada uno le acaba concediendo lo que merece.

Es el único capaz de mostrar lo que realmente somos. Nos descubre ante quien tenemos enfrente, evidenciando lo bueno y lo malo que hacen de nuestro carácter el que es. Cuando pasa no hay secretos.

Es limitado y a veces nos empeñamos en considerarlo eterno, cometiendo el error de dejar para más adelante lo que podría ser nuestra felicidad justo en este momento.

Es una aguja en un reloj que avanza sin contemplaciones, pero —al contrario de lo que muchos piensan— su medida real no es esa... Su medida es tu risa y tu llanto, exactamente aquello en lo que tú lo conviertas.

Es la satisfacción de verlo transcurrir rodeado de quienes son importantes para ti. Es mirar alrededor y sentir que se ha parado.

Es el regalo más valioso que puedes ofrecerle a alguien... Es el tiempo, que no espera a nadie.

En el día de tu cumpleaños

A mí me encanta el día de mi cumpleaños, será por el profundo agradecimiento que siento al soplar las velas. Porque un día te despiertas sumando años y vida.

Cumplir años es sinónimo de buena salud y, en muchas ocasiones, es el día en el que más cariño recibes, en el que más buenos deseos te llegan en forma de mensaje o llamada. Piensa en cada persona que está detrás de todas las palabras que recibas en tu día. ¿Qué sensación te produce? Merece la pena sentirse así, al menos, una vez al año. Es como si el mundo entero conspirase para hacerte sentir bien, muy bien...

Vivimos acelerados, en una época en la que los sentimientos se digieren deprisa, sin apenas dejar rastro. Por eso es importante pisar el freno de vez en cuando y tomar conciencia.

El día después del cumpleaños es buen momento para ello. Reservar unos minutos para agradecer, para intentar devolver todo lo bueno que has recibido, te hará sentir pleno.

Habrá quien te haya deseado lo mejor. Ojo, que aparte de ser una frase hecha, puede que realmente esté deseándote nada menos que lo mejor, ¿ves como es bueno parar y recapacitar?

Habrá quien te haya mandado un audio cantándote cumpleaños feliz y a ti te haya sonado como la melodía más bonita del mundo... Es que el cariño que le puso importa mucho más que lo que llegó a desentonar.

Habrá quien cambió sus planes y te sorprendió para celebrar contigo el nuevo año que comienzas... Y esta vez no hay uvas, sino ganas.

Una vuelta más al sol, sueños por cumplir y la certeza de que el verdadero regalo es que no haya sillas vacías a tu alrededor, que el teléfono siga sonando y que tu buzón tenga vida...

Que el verdadero regalo ni lleva lazo, ni cabe en una caja, más bien tienen nombres y apellidos y un año más —con la excusa de que cumples años— te habrán recordado todo lo que te quieren.

Las huellas que dejaste

A veces es bueno volver, echar la vista atrás y ser consciente de todo lo que dejaste pero también de todo lo que ganaste, revivir aquellos días sin nostalgia y sí con mucha alegría porque tuviste la oportunidad de disfrutarlos.

Es un privilegio poder sentirte como en casa en más de un sitio, tener brazos y sonrisas que te reciben sin importar el tiempo que hace que no te ven, contar con personas con las que compartiste poco tiempo de tu vida pero que no se han olvidado de ti. Todo eso es lo que de verdad importa.

Es una suerte que en el cómputo de los recuerdos ganen los buenos.

Las cosas pueden cambiar de forma increíble en un año, en meses, semanas e incluso horas. Hoy estamos aquí y mañana allí, casi sin despeinarnos.

Con «aquí» y «allí» me refiero a arriba y abajo, a ciudades distintas, a sentimientos encontrados. Por eso vive cada día dejando al menos algo bueno de ti en algún lugar y en alguna persona. Por supuesto, cometerás errores, pero procura que no hagan olvidar lo primero.

Hay llamadas que te devolverán por unos segundos a ese tiempo en el que tus prioridades eran otras y tus metas, muy diferentes a las de hoy en día. Si entonces aquello era lo que te motivaba a poner un pie fuera de la cama, ten la seguridad de que valió la pena.

¿Te gusta tu presente? Pues no es más que el fruto de tu pasado, de las experiencias que te curtieron y de las decisiones —acertadas o equivocadas— que tomaste.

Y, ¿qué hay de tu futuro? ¡Lo estás construyendo justo ahora! Por eso, haz nuevos amigos y conserva los de toda la vida, presta ayuda, sé generoso, lleva bien tus cuentas en todos los sentidos, pon en marcha proyectos que saquen lo mejor de ti, mantén largas conversaciones con todos aquellos que quieran tenerlas contigo —algo te aportarán y tú a ellos—, visita lugares interesantes, no pierdas tu capacidad de sorpresa y, sobre todo, quiérete mucho.

Y tú, serás lo que quieras ser, lo que siempre soñaste, te pondrás en camino y llegarás.

No tengas prisa, nunca es buena consejera, pero tampoco te acomodes.

Dale a cada cosa su tiempo de espera, respeta los turnos, rodéate de gente buena y no pierdas de vista a los que fallan. Unas veces serás de los primeros y otras de lo segundos, pero siempre tú. Aprende de todo lo que la vida te pone por delante. Nada sucede por casualidad, muchas veces esta es la firma de Dios cuando quiere pasar desapercibido.

Vuelve de vez en cuando a un sitio o a una época que guardas en la memoria, ¡vuelve en algún momento!

Mantén el paso firme hacia delante, pero deja una marca de ti en todo y en todos... Soy de los que creen que la vida se mide por las huellas que dejaste por el camino.

De mudanzas y recuerdos

Escoger de entre todo lo que tienes qué te llevas contigo y qué dejas atrás, mirar a tu alrededor y ver paredes vacías, repasar mentalmente cada día que has vivido allí, meterlo todo en una caja y despedirte.

Las mudanzas nos renuevan por dentro y por fuera, nos ilusionan porque una etapa distinta a la anterior se abre ante nosotros y los comienzos se inventaron para hacernos espabilar... Parece que alguien nos zarandea y nos dice, «solo faltabas tú para que todo empezara de nuevo».

Porque, un día, el traslado de todas nuestras pertenencias —y de los recuerdos, no los dejemos atrás— acaba y, de repente, nos encontramos instalados en nuestro nuevo destino. Al llegar, nos fijamos mucho en aquello que vamos desempaquetando, en que no tenga ningún rasguño, e intentamos que luzca igual de bien aquí, tal y como lo hacía allí.

Pero yo te pregunto, y tú, ¿has llegado bien?

Los cambios siempre cuestan, dan algo de vértigo y es inevitable preguntarnos si hemos hecho bien tomando esta o aquella decisión. Los pasos que vamos dando en esta vida son consecuencia de todas y cada de nuestras acciones.

Es verdad que las circunstancias nos condicionan, pero somos nosotros los que, tomando partido, damos ese golpe de timón que todo lo determina. A estribor o a babor, sí, pero por decisión propia, que no sean las olas las que dirijan tu rumbo.

Una mudanza es siempre un revulsivo, te obliga a pararte y pensar, a reflexionar sobre qué te ha llevado a encontrarte en el punto en el que estás justo ahora. Alégrate por los éxitos conseguidos, tuyos son... al igual que los fracasos y las decepciones, que también te pertenecen y te sirven para aprender, para desechar aquello que ya no tiene cabida en tu vida y que debe dejar paso a cosas nuevas.

Piensa que si hoy te encuentras ante varias opciones es porque ayer descartaste otras, porque tienes poder de decisión sobre tu vida, y eso es mucho más de lo que algunos pueden decir, así que siéntete afortunado.

Nuestras dudas también forman parte de este camino, preguntarnos dónde estamos y hacia dónde queremos dirigir nuestros pasos es necesario para seguir adelante.

Si quieres motivarte piensa por un segundo en dónde estabas hace un año —quizá mejor, quizá peor—, pero ten en cuenta que en todo este tiempo has dado y has recibido... Da igual hacia dónde se incline la balanza, créeme que ha merecido la pena.

Gira el mundo gira

No darlo todo por perdido, intentarlo las veces que sean necesarias hasta cumplir el objetivo marcado, es algo propio de los valientes.

Aquellos que siempre consiguen lo que se proponen saben esperar el momento adecuado para ir a por ello. Quizás al principio toman carrerilla, pero aflojan el ritmo cuando entienden que «aquí y ahora» no es sinónimo de éxito, ni mucho menos de finales felices.

Hacer planes es bueno, pero mejor es poder cumplirlos.

Para ello, hay que exigirse a uno mismo, no bajar los brazos a la primera de cambio, ser perseverante y compartir los proyectos que te quitan el sueño con los que más te quieren, porque te prestarán una brújula que señale el camino recto cuando vean que te estás desviando.

Deja a un lado el orgullo, no sirve de nada. Decir lo que piensas y lo que sientes te permitirá ocupar un lugar privilegiado en la memoria de aquellos que has ido tratando a lo largo de tu vida.

No disimules, es agotador, busca a aquellos que te hacen sentir bien y aléjate de quienes sacan lo peor de ti. Dispones de toda una vida, pero recuerda que el tiempo es limitado. Aprovéchalo rodeándote de gente buena, hay más de la que crees.

Permítete equivocarte, reconoce tus errores y haz lo posible por enmendarlos.

Sigue dando pasos, no te detengas, que si a veces caes en la tentación de pensar que cualquier tiempo pasado fue mejor es que no eres consciente de todo lo bueno que está por llegar. Hazlo posible con tu trabajo duro, con tu tenacidad, pero sobre todo con tu actitud, con aquello de «si depende exclusivamente de mí, lo consigo».

A veces, el tiempo arrasa, el meteorológico y el otro, el de las horas. Conforme avanza, se lleva consigo lo que es pasajero y hace que se afiance lo que debe mantenerse. Es la mejor respuesta a nuestras preguntas y siempre merece la pena escucharlo, porque no se esconde nada para sí, porque deja al descubierto lo que fue, lo que es y lo que será.

Hay lluvia que apenas moja y otra que cala hasta los huesos; hay viento agradable y otro que arrasa con todo allí por donde pasa; hay truenos que nos hacen sentirnos afortunados si nos cogen resguardados y otros que nos pillan en plena calle y nos recuerdan lo frágiles que somos.

No temas convertirte en una persona vulnerable, porque de hecho todos lo somos en mayor o menor medida en algún momento. Recuerda que son las emociones y los sentimientos lo que mueve el mundo... Pon tu granito de arena para que siga girando.

Será bonito

Pisar el acelerador por vez primera, con la vista puesta en lo que está por venir, prestando poca atención al freno. Escuchar los acordes que te anuncian que va a sonar tu canción, esa certeza de saber que te va a gustar lo que vas a escuchar. Dar ese paso que será el primero de muchos otros, con los que acabarás haciendo camino. Los nervios que vaticinan cambios... nadie te asegura que sean para mejor, pero llevas la ilusión por bandera. Benditos comienzos.

Y es bonito ponerte en marcha cuando recibes tantos buenos deseos de esas personas que siempre te animaron y hoy disfrutan tanto o más que tú de lo bueno que vas recibiendo.

Es bonito recordar todo lo que te ha llevado al punto en el que te encuentras hoy, los malos ratos que te curtieron y los buenos que te animaron a continuar.

Es bonito ajustar cuentas. Suma aquello que te hizo sentir bien y resta lo que quisieras olvidar, verás cómo te gusta el resultado.

Es bonito arrancar con ganas, con esas que no se desvanecen a la primera de cambio, con esas que resisten la aparición de contratiempos y con esas que te hacen sentir capaz de todo.

Es bonito tener la certeza de que allí y aquí encajarán las piezas, de que los kilómetros nos separan físicamente pero nos unen más a quienes queremos.

Es bonito ir aprendiendo poco a poco, empezar un folio en blanco e ir escribiendo una línea cada día; con algún que otro tachón, pero que nadie pueda borrar.

Es bonito atreverse y decir sí, tener seguridad en un mismo, aun sabiendo que puedes fallar a diario.

Es bonito, al fin y al cabo, comenzar, que te den la oportunidad y hacerte merecedor de la confianza puesta en ti a cada minuto.

No será fácil, pero, con total seguridad, será bonito.

Lo que necesitamos

El otro día hablaba con una amiga de las necesidades que nos creamos, esas que nos inventamos cuando tenemos más que cubiertas las que de verdad son importantes.

Ambas llegamos a la conclusión de que la salud es lo único realmente imprescindible, la nuestra y la de aquellos a los que queremos, y que mientras contemos con unos análisis en los parámetros adecuados no tenemos derecho a quejarnos.

Esa es la teoría, pero después también hablamos de lo mucho que fallamos en nuestro día a día, tanto en lo profesional como en lo personal.

Nos lamentamos más de la cuenta de las pequeñas frustraciones que nos recuerdan que estamos en pleno partido, esas que en realidad nos deberían motivar para saltar al campo con más ganas y tirar a portería las veces que queramos. Recuerda que esto no acaba hasta que suene el pitido final, hay tiempo...

A raíz de este rato tan agradable, me di cuenta de las necesidades que tengo hoy por hoy...

Necesito conversaciones de ese tipo, en las que arreglas el mundo y te quedas con ganas de seguir intentándolo, de esas que te recuerdan por qué es importante para ti la persona que tienes enfrente.

Necesito aprender que hay cosas que escapan de nuestro control y que el futuro es eso que vamos construyendo aquí y ahora. Necesito mimar mi presente.

Necesito viajar para acortar distancias, necesito sinceridad a raudales y reírme de los imprevistos.

Necesito escuchar esas voces que me recuerdan quién soy, esas que hacen del teléfono el mejor invento.

Necesito un buen libro en la mesilla, necesito leer y escribir, porque lo segundo sin lo primero es imposible.

Necesito ver una sonrisa en la cara de ciertas personas y esto es puro egoísmo, ya que tienen el inmenso poder de contagiármela automáticamente, porque su felicidad es la mía.

Necesito esperanza, porque sin ella me veo incapaz de dar un solo paso, y también ilusiones que estén a mi alcance, no aquellas que se disipan cuando te vas aproximando a ellas.

Necesito que ganen los buenos, esas personas que van de frente por la vida y que, a base de esfuerzo y de hacer las cosas bien, recogen los frutos merecidos.

Necesito no perder mi capacidad de asombro, necesito no acostumbrarme y disfrutar de cada segundo. Lo necesito.

Y aquí, ¿qué se debe?

Qué se debe por los cambios de planes que transforman no solo nuestro día, sino nuestra vida; qué se debe por esa palabra que nos dijeron, capaz de acortar distancias, que nos cambió el gesto en la cara y el ánimo en el alma.

Qué se debe por las sonrisas sinceras, los buenos recibimientos y los abrazos que aprietan.

Qué se debe por la esperanza que nos mantiene en pie, por los sueños que se cumplen y los días que acaban alrededor de una mesa, con una copa en la mano y —al menos— un amigo sentado frente a ti.

Qué se debe por esos buenos recuerdos que nos asaltan en cualquier momento del día, que nos rescatan y nos hacen, simplemente, felices.

Qué se debe por esas canciones que, sin necesidad de que haya nadie más en la pista, nos sacan a bailar, porque se nos van los pies, porque nos lo pide el cuerpo.

Qué se debe por el silencio que, a veces, es la más clara respuesta.

Qué se debe por las alegrías compartidas, que en lugar de dividirse se multiplican cuando dejan de ser solo nuestras para pertenecer a algunos más.

Qué se debe por los buenos deseos que recibimos de los demás, por la admiración que despierta en nosotros la gente que nos rodea, por hacernos caer en la cuenta de que somos unos privilegiados teniendo cerca a determinadas personas.

Qué se debe por las puestas de sol que no salen en las fotos pero se quedan grabadas en nuestra retina, por los paisajes que no cambian a pesar del tiempo, que esperan nuestro regreso.

Qué se debe por esa sensación de volver al lugar donde has sido feliz y, al pisarlo, recuperar el bienestar que has ido perdiendo por el camino, por las preocupaciones y por los sinsabores.

Qué se debe por una mirada que hace que el tiempo se detenga.

Qué se debe por este mundo que gira y nos lleva con él, qué se debe por este viaje que comienza en el preciso momento en el que nacemos.

Qué se debe por ir en un vagón cómodo sin haber hecho nada para merecerlo, qué se debe por tomar conciencia de lo afortunados que somos...

Que alguien me diga, ¿qué se debe?

Por si mañana fuera tarde

Cuántas veces hemos escuchado que no tenemos el control sobre nuestras vidas, que las cosas cambian de un día para otro, pero no terminamos de ser conscientes del significado de esas palabras.

Si lo fuéramos, estoy segura de que daríamos los buenos días y las buenas noches a mucha gente para la que ahora no tenemos tiempo; haríamos esa llamada, no dejaríamos que pasara un minuto más sin escuchar su voz, sin pronunciar su nombre.

Nos esforzaríamos, en fin, en transmitir nuestro cariño a aquellos a los que de verdad se lo tenemos, por si mañana fuera demasiado tarde.

Pero no, estamos inmersos en nuestro día a día, sin levantar la cabeza del móvil, pasando páginas de una agenda que echa humo pero que es incapaz de recordarnos lo que es verdaderamente importante.

Y, de repente, algo te hace reflexionar, parar en seco, caer en la cuenta de que el tiempo pasa sin importar si estamos al día con los que más queremos.

No lo permitas. A diario contamos con la oportunidad de pronunciar un «te quiero» o un «perdón» que pueden cambiar el propio presente, o también dejarlo todo como estaba pero con una sonrisa de oreja a oreja en la cara de quien tenemos enfrente. Bendita transformación.

Nuestras palabras, nuestros gestos, nuestras miradas tienen un enorme poder para aquellos que las están esperando, no imaginas cuánto.

Abusamos del mañana sin reparar en que lo único cierto es el aquí y el ahora, sin tener en cuenta que solo son necesarias unas milésimas de segundo para ponerlo todo del revés.

Escribiendo estas líneas tengo la misma sensación que tú probablemente tengas al leerlas: un pequeño escalofrío por el cuerpo, la sucesión de varias caras con las que tengo que ponerme al día y la certeza de que no escarmentaré, que volveré a caer, aunque la teoría está bien clara y se resume en que el tiempo no espera a nadie.

Cree en los milagros, sueña con lo imposible.

Una hora que se escapa

No sé si nos la merecíamos, ni siquiera si la necesitábamos o por el contrario nos ha sobrado, no sé si la hemos sabido disfrutar o se ha esfumado...

Lo cierto es que hoy hemos tenido una hora más, sesenta minutos que son puro regalo para este mundo que se queja de falta de tiempo para hacer lo que quiere, con quien quiere, cuando quiere.

Pues hoy ha habido un sol que se ha ido antes de lo habitual y nos ha anunciado de esta forma que llegan tardes que tienen prisa por convertirse en noches. Ha habido despistados que no se terminan de aclarar y a los que les viene bien un día de transición para entender que esta semana les espera lo mismo, pero con otra luz. Y esto no cambia, hay relojes que nunca acaban de ponerse a punto; aunque se ajuste la hora siempre llevarán algunos minutos de retraso porque sus dueños así lo quieren.

Somos nosotros los que le damos sentido al tiempo que pasa, que vuela, que nos hace extrañar lo que un día tuvimos y que nos hace esperar con impaciencia la realización de nuestras aspiraciones.

El tiempo es nostalgia e inquietud a partes iguales, es alegría cuando lo pasamos con quien queremos y desazón cuando se lo dedicamos a lo que nos quita el sueño, es valorarlo, es aprender a no malgastarlo y es una fortuna para quien sabe que, con tiempo, todo llega.

Ha sido bonito este día de 25 horas, una excepción en nuestro extenso calendario que llega a su fin, una hora de más que se escapa...

Dale a esos minutos forma de carta, de libro que comenzar a leer, de plato con el que sorprender a aquellos con los que cenas hoy, de canción que escuchar y letra que memorizar, de palabras que no haya viento capaz de llevárselas.

Haz que el tiempo verdaderamente se convierta en oro.

PARA SABOREAR EL VERANO

«Bien por los que saben recoger la cosecha en junio para seguir sembrando en septiembre. Bien por los que no permiten que se les escapen unos días que acabarán convirtiéndose en grandes recuerdos»

Las bendiciones del verano

¿Te has dado ya un baño en el mar? ¿Te has sacudido la arena y, poco después, has comprobado que no sirve de nada? ¿Has cogido el jersey cuando el sol se va? ¿Te has acostado sin poner la alarma? ¿Has comido sin contar calorías?

Ojalá hayas contestado que sí a todas estas preguntas, señal de que estás de vacaciones, señal de que te las merecías... ¡Señal de que estás disfrutando!

Nada sabe mejor que salir de la rutina que nos atrapa para echarla un poco de menos y retomarla con ganas.

Hablo de las ganas que alimentan, que te sacan esa sonrisa tan favorecedora, esas que te hacen despegar los pies del suelo, que suenan a tu canción preferida; de las que hacen falta para no rendirse cuando se tiene un mal día, cuando la tentación de decir «hasta aquí he llegado» se vuelve una opción; de esas que sentimos cuando planeamos ir al fin del mundo o a la vuelta de la esquina con los que más queremos.

Y es que, ya hemos hablado aquí alguna vez sobre este asunto, lo importante es estar bien rodeado, lo demás vendrá solo. Piensa en aquellos con los que has vivido buenos momentos, ¿no te mueres por recordarlos junto a ellos?

Atesorar ratitos, tener conciencia de que son tu mayor fortuna; eso sí que es una bendición. Piensa también en aquella mesa alrededor de la cual os sentasteis y compartisteis no solo comida, también vuestras esperanzas que ahora se ven realizadas. Las mismas caras, nuevos proyectos; eso sí que es una bendición. Piensa en quienes están lejos, en los que volverán y te harán pensar que nada ha cambiado; eso sí que es una bendición.

Es una bendición tener presente que, aunque nos hayamos acostumbrado a esos miles de kilómetros que nos separan físicamente, nos resistimos a olvidar cómo suenan sus voces, a que esa distancia roce el alma.

Son las bendiciones del verano, de volver a abrazar a tus padres, a tus hermanos, a tus tíos, a tus primos, a tus abuelos... ¡A tu familia! Y, cómo no, a tus amigos. Es tiempo de reencontrarte con tus raíces y con tus ramas.

Y el pasaporte, siempre a mano

Tienes suerte si has pisado la arena este verano algún día. No por el hecho de que mucha gente no lo hará —que también—, sino porque puedes considerarte afortunado con menos de lo que crees y, a veces, es necesario que nos lo recuerden.

Lo que hace especial un viaje no es su destino, ni toda la información que manejas antes de partir, ni siquiera lo que visitas una vez que llegas... Lo que realmente lo hará inolvidable es la gente con la que lo compartes. Considera que estás teniendo unas buenas vacaciones si verdaderamente las estás viviendo con buenas personas a tu alrededor, tan sencillo como eso.

Procura vivir las semanas de descanso que te quedan de forma que más adelante sean buenos recuerdos, los mejores. No lleves mucho equipaje para poder volver con más cosas del sitio al que vas, materiales y de esas que no ocupan espacio...

Reserva tiempo para ti, para conocerte mejor y saber qué esperas —sí, tú— de ti el próximo curso. También dedica horas de tu descanso a los demás, a esos que el resto del año están lejos físicamente o a quienes están tan cerca que su presencia acaba pasando desapercibida para ti.

¡Aprovecha cada segundo! En invierno te faltarán horas al día para prestarle atención a quien tanto lo merece. Cada instante que desaproveches te pesará cuando empiece a anochecer antes, cuando sientas que el tiempo, simplemente, se escapa.

Si no puedes, no hagas muchos kilómetros, pero sí los justos para poner distancia entre lo que has vivido hasta hoy y lo que quieres vivir a partir de ahora. Seguro que —por poco que sea— algo quieres cambiar.

Entonces tendrás la oportunidad de verlo todo con otra perspectiva —tan necesaria—, sabrás qué quieres seguir teniendo en tu vida y qué te sobra, qué recuerdos quieres conservar y cuáles desterrar al olvido, qué caras quieres seguir mirando, qué caminos deseas recorrer, en qué centrarás todos tus esfuerzos... No es tarea fácil, por eso merece la pena hacerlo justo ahora. Nada mejor que tomar decisiones mirando al mar.

¡No tengas miedo al cambio! A veces resulta mucho más peligroso mantenerse estático. Confía en que hay muchas cosas dispuestas para ti, a la espera de que las encuentres, cuestión de estar en el momento y en el sitio precisos. Las olas rompen, las mareas suben y bajan, ni un grano de arena permanece en el mismo sitio que el día anterior, pero la playa siempre está ahí. No te transformes, solo evoluciona. Será señal de que vives, de que tu paso por aquí no es en balde, de que merece la pena...

Viaja todo lo que puedas, sí, pero no pierdas el norte. Vuelve siempre al lugar de donde partiste, no te olvides de todas las caras que te cruzaste por el camino, haz fotos que te ayuden a recordar todo lo que vas dejando atrás.

Y, sobre todo, lleva a mano el pasaporte, ten claro lo que pone en él... En definitiva, conócete; será la única forma de que los demás también puedan hacerlo.

Una maleta llena de trocitos

Estos días apetece comerse el mundo a trocitos...

Tenemos ganas de nadar hasta la boya, de sonreír a la cámara y de reencontrarnos con quienes no tenemos cerca el resto del año.

Queremos cenas inolvidables, que acaben con un buen brindis y mejores deseos para los nos rodean.

Nos gusta sentarnos en la orilla y que la gente nos esquive en sus paseos; estar sin estorbar, de eso se trata.

También buscamos poner distancia, recorrer todos los kilómetros que podamos y visitar sitios en los que no hemos estado nunca.

Ir a un aeropuerto o a una estación, coger un avión o un tren y en el intervalo de tiempo entre ambas cosas, observar como si estuviéramos en el patio de butacas teniendo enfrente el escenario. Las maletas de mano que rebosan y las enormes que van vacías; las despedidas, los reencuentros, los abrazos, las lágrimas y las sonrisas, las ilusiones, los proyectos que valen una vida... El mejor punto de partida para irte de vacaciones: ver y mirar, imaginar.

Otros no se van. Están los que, por circunstancias, se quedan en su ciudad y exprimen los fines de semana como si no hubiera un mañana. Cuando regresan, lo hacen con la idea de que el tiempo se para en el preciso instante en el que ellos ponen rumbo a donde el deber les llama y así es más fácil. Además, no se sabe cómo, siempre cuentan con alguien para compartir su particular verano y despedir esos días en los que echas de menos sitios y personas a partes iguales.

Coge un calendario, échale un vistazo rápido para que tomes conciencia del tiempo que te queda de descanso. Si contamos las horas que le dedicamos al trabajo, ¿cómo no vamos a llevar la cuenta de las que pasamos disfrutando?

No taches los días que restan de mes, pero apunta en cada jornada el nombre de quien lo hizo especial, el momento que te sacó la sonrisa más bonita, el lugar en el fuiste feliz minutos, horas, días... Tachar y apuntar, superar y recordar, acabar y empezar...La vida misma.

La marca del estío

El verano va llegando a su fin. Lo hace poco a poco, dándonos tiempo para echar la vista atrás, para darnos la oportunidad de sentirnos afortunados por haber podido salir de nuestro día a día cuando más lo necesitábamos, para agradecerle —en definitiva— todo lo bueno que un año más nos deja.

Descanso y risas a partes iguales, bendita combinación que nos deja como nuevos para la vuelta, ya sea a un sitio, a una persona o a un momento vital.

Largos viajes, días de playa, turismo incansable, siestas interminables, comidas copiosas, sobremesas junto a los que más queremos, paseos por el mero placer de caminar, paisajes que se quedan grabados en nuestra memoria —a los que acudiremos más de una vez a lo largo de este tiempo que en unos días empieza—.

Pero antes de que lleguen, vamos a seguir repasando lo vivido...

Has tenido tiempo para disfrutar de tu familia y de tus amigos, de aquellos que le dan sentido a cada minuto de tu verano y, en general, de tu vida.

Sin planearlo, encontraste un rato para cada uno y ahora que repasas estas semanas que has vivido te das cuenta de que no cambiarías por nada esas horas compartidas. No desearías haber estado en otro lugar y créeme que eso es una verdadera suerte.

Confidencias, respuestas a todas las preguntas que te haces el resto del año, risas que te recuerdan que nada es tan grave, palabras que te hacen confiar en que verdaderamente todo pasa y todo llega. No tuviste que irte lejos, solo mirar a tu alrededor y disfrutar de la compañía.

Has tenido tiempo para darte un largo paseo por la playa cuando la tarde se va acabando, de esos que te hacen sentirte más fuerte, por fuera y por dentro.

Un sol que sale y se pone, unas huellas que permanecen por tiempo limitado porque una ola las borra, un agua que limpia y depura, un camino de ida y vuelta, unas piedras contra las que tropiezas y otras que esquivas... Es la vida que pasa por delante de tus ojos, mientras tú recapacitas sobre ella, sobre lo que dejaste atrás, sobre lo que está por venir.

Has tenido tiempo para muchas más cosas que te han hecho volver con las pilas cargadas, vivencias que ya se han convertido en esos recuerdos que, el resto del año, curan cada vez que los traes a tu memoria.

Y entonces caes en la cuenta de que no es solo lo que has experimentado, sino la marca que ha dejado en ti y en aquellas personas con las que lo has compartido lo que le da sentido a todo.

Si fuiste feliz mientras lo vivías, también lo serás mientras lo recuerdes.

PARA DISFRUTAR DE UNA NAVIDAD CON SU PLENO SENTIDO

«Bien por los que cambian la nostalgia por memoria agradecida en estos días, por los que sustentan su fe en algo más grande. Bien por aquellos que saben que el mayor regalo es sentirse acompañado, querido y valorado todo el año»

Quiero Navidad

Quiero hacer la cuenta atrás. Quiero que llegue la Navidad porque me maravilla esta época del año, por lo que conlleva... Por todo lo que me da y también por todo lo que saca de mí.

Quiero volver a casa, hacer balance, repasar mi lista de pendientes y quedarme con la cuenta a cero.

Quiero planear muchos, muchos reencuentros y abrazar por encima de mis posibilidades.

Quiero recordar a los que ya no están y dar las gracias por todas las sonrisas que me sacan cuando los traigo a mi memoria.

Quiero sentarme en una mesa muy grande, mirar a mi lado y comprender que quienes se sientan junto a mí son mi mayor fortuna.

Quiero escuchar los planes de esos a los que tengo lejos el resto del año. Quiero saber en qué van a emplear sus fuerzas en los próximos doce meses e infundirles ese ánimo que les hará sentirse capaces de todo.

Quiero recibir consejos de los que no caducan, para poder tirar de ellos en un nuevo año que viene dispuesto a recibir lo mejor de mí… porque quiero ser capaz de dárselo.

Quiero escuchar villancicos, pasear por calles iluminadas y ver más allá de lo que nos ofrecen los escaparates atestados de regalos, comprendiendo que el verdadero regalo de estos días es inmaterial.

Quiero no perder la noción de lo que verdaderamente importa, quiero la inocencia de quien un día aguardaba largas colas para ver belenes, dejaba escapar su globo por las calles del centro o no podía disimular sus nervios ante las noches más buenas del año… Quiero volver a ser una niña por unos días, porque recuperaría unos sentimientos por estrenar.

Quiero lo que los demás quieran, que terminen el año en paz, que sus deseos se hagan realidad y que sean capaces de llevar a cabo sus buenos propósitos.

Quiero que, un año más, el espíritu navideño haga de las suyas y consiga que entiendas lo importante que eres para todos aquellos que eligieron tenerte en sus vidas y todo lo bueno que puedes llegar a ofrecerles... Solo hay que tomar una decisión, que implica muchas más: Querer querer, querer darte, querer quedarte.

Quiero que tú, que has leído este escrito, esperes con la misma ilusión que yo estos días. Quiero que el verdadero sentido de la Navidad, que es la esperanza, se haga un hueco en tu vida.

Volver a casa

Volver a casa en determinadas fechas debería ser obligatorio, como es el caso de la Navidad, ya que compartirla con los que más quieres es lo que le da sentido a todo en este tiempo.

Volver a casa es necesario. Regresar al sitio que te vio partir hace meses o incluso años te hace recordar de dónde vienes y seguro que te permitirá dirigirte de forma más certera al destino que te propusiste entonces.

Volver a casa es dar y recibir abrazos. Comprobar cómo hay gente que se alegra de verte es sencillamente una enorme fortuna, comparable a muy pocas cosas.

Volver a casa es comprender que un hogar no se compone de cuatro paredes, sino más bien de los padres, los hermanos, los tíos, los abuelos, los primos y los amigos que están allí para recibirte.

Volver a casa es un premio, que obtienes después de dejarte la piel alcanzando ese sueño por el que apostaste todo, por el que abandonaste lo cierto por lo incierto y por el que volverás pasado el tiempo que marca el calendario.

Volver a casa es resguardarte de la lluvia, es donde compruebas que después de la tempestad, siempre llega la calma.

Volver a casa es no dar abasto, querer estar con unos y otros para acumular cariño, que más adelante habrá que tirar de él para animarse y seguir adelante.

Volver a casa es aparcar los problemas y las cuentas que no salen, retomar conversaciones pendientes con aquellos para los que no tenemos tiempo el resto del año y escuchar a los que mejor nos conocen.

Volver a casa es encontrar la solución cuando ni siquiera la estamos buscando, es mirar a tu alrededor y, simplemente, sentirte bien.

Volver a casa es conocer cada rincón y guardar buenos recuerdos de todos ellos, es volver a tu infancia, es pasarte horas viendo fotos y tomar conciencia de que tienes tu vida pasada y futura en tus manos, es sentirte capaz de todo.

Volver a casa es dejarte querer, es despertarte y seguir soñando, es sentarse juntos alrededor de una mesa y que el postre sea el punto y seguido.

Volver a casa es comprender que coger aviones o trenes acaba enganchando, porque las escenas de estaciones y aeropuertos son solo el comienzo, porque lo bueno empieza ahí pero durará el tiempo que permanezcas con los tuyos.

Navidad es...

Escribo estas líneas al compás de villancicos. Escucharlos me recuerda que las fechas que más me gustan de todo el año están a punto de llegar.

Navidad es poner rumbo a casa, volver a formar parte de ese hogar que está incompleto cuando alguien falta.

Es pensar cómo podemos sorprender a los que más queremos, es recordar sus gustos, sus manías, y hacer todo lo posible por acertar, es comprender que el verdadero regalo es el tiempo que invertimos en buscarlo y la ilusión que hemos puesto, de incalculable valor.

Es recorrer los rincones de siempre, comprobar que allí siguen intactos y que eres tú el que ahora los ves con otros ojos; que todo sigue igual, excepto tú.

Es llenar la agenda de comidas y cenas con aquellos que le dan sentido a la palabra amistad, es brindar con ellos por lo que pudo ser y también por lo que no, por los proyectos que irán tomando forma.

Es cuadrar fechas para dar todos los abrazos que queremos, para que no se nos quede ni uno solo en el tintero, sabiendo que esta tinta es de la que no se borra, de la que permanece todo el año.

Es recordar a los que ya no están y disfrutar de los que te rodean, es considerarte afortunado porque tu mayor tesoro tiene nombre y apellidos y se sienta a tu lado en la mesa.

Es mirar hacia atrás con una mezcla de nostalgia y felicidad, de profundo agradecimiento hacia aquellos que nos enseñaron a concederle el verdadero sentido a estos días y, por tanto, a vivirlos con la alegría que corresponde.

Es empeñarnos en que las buenas intenciones borren cada discusión, cada desencuentro; es pedir perdón y saberse perdonado.

Es enviar nuestros mejores deseos a personas que ya no forman parte de nuestro día a día, pero que siguen estando presentes en nuestras vidas. Es darle importancia a lo que de verdad la tiene.

Es ponerle corazón a cada palabra que pronunciemos, a cada gesto que hagamos, y tener la convicción de que así no nos equivocaremos.

Navidad es la mejor forma de despedir un año y recibir el siguiente, es parar por un momento y saborear todo lo bueno que tenemos en nuestra vida, es sentirse agradecido... Es fe en estado puro.

Es mirar alrededor y sentirse querido. No hay mayor fortuna.

¡Qué bello es vivir!

Todas las ilusiones de un año entero se concentran en estos días...

Me encanta la Navidad y estoy deseando que llegue. Me gustan las luces, la magia que lo inunda todo, el trasiego de la gente por las calles y los encuentros fortuitos.

Me fascinan los niños, sus benditos nervios, esos que contagian sin querer a base de inocencia y de infinita esperanza en todo lo bueno que está por venir.

Me emocionan las reuniones familiares y con amigos, en las que parece que el tiempo no ha pasado, en las que las puestas al día suenan al compás de villancicos.

Me recuerdan estas fechas a los que ya no están, a los que echamos de menos todo el año pero en estos días con más intensidad. Me gusta pensar en ellos y dejar un ratito para la nostalgia bien entendida, esa que hace que les queramos más, a pesar de su ausencia.

Me maravillan las buenas intenciones que nacen en estas fechas, sobre todo cuando somos capaces de ampliarlas al resto del año.

Soy una firme defensora de celebrar la Navidad con su pleno sentido, como la que queda reflejada en la película Qué bello es vivir. El argumento se resume en una pregunta que todos nos hemos hecho alguna vez... ¿Qué habría pasado si yo no hubiera nacido?

Clarence —un ángel de la guarda que está tratando de ganarse sus alas— es el encargado de mostrarle a George Bailey —que estaba a punto de suicidarse porque atraviesa un mal momento, después de una vida entregada a los demás— cómo habría sido la vida en su pueblo si él nunca hubiera nacido.

Una visión con la que George constata qué equivocado estaba al tratar de haberse quitado de en medio y comprueba el papel fundamental que había jugado en la vida de todos aquellos con los que se había cruzado, desde su hermano a su mujer, pasando por la mayoría de habitantes del pueblo en el que vivía.

Y, después de ver la película navideña por antonomasia —la historia comienza el día de Nochebuena—, una no puede evitar preguntarse cómo sería todo si no hubiera nacido... Qué vacío existiría, aunque nadie fuera consciente de ello.

Probablemente nosotros nunca tengamos la oportunidad de George, nadie vendrá a mostrarnos lo que valemos en la vida de quienes más queremos...

Pero recapacita por un momento, toma conciencia del valor de tus palabras, de tus abrazos, de tus decisiones, de tus sonrisas y también de tus lágrimas; de todas las vidas que has ido cambiando desde que naciste y de todas las que transformarás sin pretenderlo, solo por ser tú.

Con el alma llena

Un año más espero con mucha ilusión la Navidad, me maravilla esta época del año.

Serán las luces de la calle, los abrazos a destiempo, los planes improvisados y los mejores deseos. Serán las sobremesas eternas, los reencuentros con los que más quieres y las sonrisas sinceras. Serán las caras de ilusión de los más pequeños y la alegría de los mayores, serán las buenas intenciones... Será que me encantaría tener todo esto el resto del año, pero como sé que no es posible me conformo con este espejismo que dura cerca de tres semanas.

Si hay algo que se respira estos días es fe y esperanza... Que nunca nos falten, que a pesar de los días malos sepamos que todo puede ir a mejor, que nos planteemos el inicio del año como un tiempo nuevo en el que enmendar nuestros errores y buscar nuevas oportunidades. Son nuestro mejor punto de partida, nuestros instrumentos más valiosos. Nos harán sentirnos capaces y serán nuestro mayor consuelo en los peores momentos.

Desea a los demás lo mejor para estos días, disfrútalos acompañado por los que más quieres, sueña con lo imposible.

Que seas capaz de transmitir todo lo bueno que se te pase por la cabeza, que recuerdes a los que no están con mucha alegría, que cantes villancicos, que brindes por todo lo que fue posible e incluso por lo que no pudo ser...

Es una época especial, en la que alegría y nostalgia hacen aparición por partes iguales, y en nosotros está poner empeño para que la primera gane espacio. Recordemos el pasado con cariño y disfrutemos del presente con entusiasmo.

Que la generosidad que sintamos hacia los demás se extienda a lo largo del año; que seamos capaces de mantener los buenos sentimientos que nos guían en estas fechas; que la ilusión no se apague y sea el punto de partida de todo lo que emprendamos...

En definitiva, que des y recibas tanto como para empezar el próximo año con la sonrisa dispuesta y el alma llena.

Creo en los Reyes Magos

Y tú, ¿crees en los Reyes Magos?

Creo en la inocencia de los niños, en la ilusión de los mayores y en los buenos deseos que envuelven cada regalo.

Creo en la carta escrita a mano como única vía de comunicación con Melchor, Gaspar y Baltasar. Creo que desde hace unos meses están tomando nota y que deberíamos habernos esmerado más en eso de portarnos bien.

Creo que tendríamos que terminar con un «y lo que Sus Majestades quieran» para asegurarnos de que acertamos en lo que pedimos, porque muchas veces nosotros andamos algo perdidos con lo que nos gustaría recibir.

Creo en la magia que se respira en estas fechas, en la que nada hay imposible para quien pide lo que desea con fuerza. Creo que estos sobres recogen las ilusiones de todo un año, que dejan paso a las de los próximos doce meses, que serán muchas y, sobre todo, nuevas.

Creo que la generosidad de quienes incluyen un párrafo pidiendo algo para los demás es lo que da verdadero sentido a esta misiva tan especial. Creo que quien tiene al resto en cuenta se merece lo que anhela.

Creo que abrir la puerta del salón y atravesarla rodeado de tu familia es un momento incomparable. Creo que ver las caras de los que más quieres abriendo sus paquetes es la mejor forma de empezar un año que acaba de arrancar, porque ahí verdaderamente constatamos que su felicidad es la nuestra.

Creo que levantarse acompañado la mañana del 6 de enero es el verdadero regalo.

Punto y seguido

Esta época me recuerda al punto y seguido que a todos nos cuesta poner en una frase, porque no sabemos cómo acabarla.

Pero debemos ir buscando ya esa palabra con la que cerrar este año que toca a su fin. Meses de espera, de realización de sueños, de incertidumbre, de ilusiones que se cumplen para dejar paso a otras, de frustraciones, de nuevos proyectos y, sobre todo, de ganas de más.

Un año es mucho más que una sucesión de días, es una colección de momentos que hacen que la balanza se incline hacia un lado o hacia otro, situando aquello que ha pasado a un sitio privilegiado de tu memoria o al mayor de los olvidos.

Un año se compone de las personas con las que lo has compartido, esas que siempre están, esas que asumieron tus alegrías como las suyas propias, esas que te tendieron su mano y tiraron de ti para levantarte. Esas con las que, en definitiva, le has encontrado el sentido a todo lo que has vivido. Sin ellas, ni las alegrías se habrían multiplicado, ni las penas se habrían dividido hasta llegar a desaparecer.

Un año se conforma de los lugares que has visitado; sitios que quizás han cambiado tu vida, que han supuesto un antes y un después en tu existencia, de los que te llevaste tanto que algún día tendrás que regresar para ajustar cuentas, para devolverles de algún modo el bien que te han hecho. Son países, ciudades o pueblos que, a lo mejor, antes no sabías situar en el mapa, pero cuyas coordenadas te sabes ahora de memoria.

También has vuelto a rincones que te resultan familiares; esos a los que ponemos rumbo cuando buscamos seguridad, cuando queremos alimentar nuestros buenos recuerdos, cuando lo único que pretendemos es seguir soñando en nuestro idioma.

Un año es un cajón en el que caben las lecciones que recibimos de quien menos lo esperábamos, los secretos que nos confiaron un día y los regalos que nos hicieron.

Ahí también hay sitio para nuestros miedos, que están esperando a que nos atrevamos a superarlos, para las risas que aguantamos, que están deseando salir y para las conversaciones pendientes, esas que arreglarán el mundo.

Mira de frente a este año que se va a despedir de ti a lo largo de estos días. Confía en que la esperanza es más fuerte que la incertidumbre, agradece cada instante en el que rozas la felicidad. El año se acaba y todo lo que viviste en él te transformó… Que sea para bien.

Epílogo

Lo que mereces

«Es un regalo, pero no viene envuelto, no tiene un gran lazo ni es necesario que soples velas... Simplemente, te lo mereces.

Mereces empezar de nuevo, cumplir sueños y arriesgar lo cierto por lo venidero.

Mereces ilusionarte a cada paso, improvisar tu felicidad y sentir que tú puedes, que eres capaz.

Mereces reencuentros improvisados, abrazos a destiempo, sonrisas sinceras y buenos deseos.

Mereces viajes que acorten distancias, que te den alas, que te lleven lejos, que acerquen almas.

Mereces volver al lugar del que partiste, recorrer sus calles y ser de nuevo quien un día fuiste.

Mereces valorar cada minuto, mimar tu presente tomando conciencia de que te sobra con lo que tienes.

Mereces tachar días del calendario, hacer tu propia cuenta atrás teniendo la certeza de que, esperes lo que esperes, llegará...»